FUNDAMENTOS EM CIÊNCIA POLÍTICA E TEORIA DO ESTADO

SÉRIE ESTUDOS JURÍDICOS: DIREITO PÚBLICO

Doacir Gonçalves de Quadros

Rua Clara Vendramin, 58 . Mossunguê . Cep 81200-170 . Curitiba . PR . Brasil
Fone: (41) 2106-4170 . www.intersaberes.com . editora@intersaberes.com

Conselho editorial Dr. Ivo José Both (presidente), Drª Elena Godoy, Dr. Neri dos Santos e Dr. Ulf Gregor Baranow ▪ **Editora-chefe** Lindsay Azambuja ▪ **Gerente editorial** Ariadne Nunes Wenger ▪ **Assistente editorial** Daniela Viroli Pereira Pinto ▪ **Preparação de originais** Fabrícia E. de Souza ▪ **Edição de texto** Guilherme Conde Moura Pereira ▪ **Capa** Luana Machado Amaro ▪ **Projeto gráfico** Mayra Yoshizawa ▪ **Diagramação e *designer* responsável** Luana Machado Amaro ▪ **Iconografia** Regina Claudia Cruz Prestes

Dados Internacionais de Catalogação na Publicação (CIP)
(Câmara Brasileira do Livro, SP, Brasil)

Quadros, Doacir Gonçalves de
  Fundamentos em ciência política e teoria do Estado/ Doacir Gonçalves de Quadros. Curitiba: InterSaberes, 2021.
  (Série Estudos Jurídicos: Direito Público)

  Bibliografia.
  ISBN 978-65-89818-53-3

  1. Ciência política 2. Estado – Teoria 3. O Estado I. Título. II. Série.

21-64448   CDU-342.2:32

Índices para catálogo sistemático:
1. Ciência política e teoria geral do Estado: Direito 342.2:32

Cibele Maria Dias – Bibliotecária – CRB-8/9427

1ª edição, 2021.

Foi feito o depósito legal.

Informamos que é de inteira responsabilidade do autor a emissão de conceitos.

Nenhuma parte desta publicação poderá ser reproduzida por qualquer meio ou forma sem a prévia autorização da Editora InterSaberes.

A violação dos direitos autorais é crime estabelecido na Lei n. 9.610/1998 e punido pelo art. 184 do Código Penal.

Sumário

7 ▪ Apresentação

11 ▪ Introdução

Capítulo 1
15 ▪ **O Estado como objeto de estudo**
18 | A origem do Estado

Capítulo 2
41 ▪ **O poder do Estado**
48 | O Estado de direito

Capítulo 3
57 ▪ **A crítica ao Estado**
59 | O Estado na sociedade capitalista
65 | Elitismo
68 | Corporativismo
75 | Biopolítica

Capítulo 4
87 ▪ **Tendências de governo no Estado moderno**
88 | Regimes políticos
127 | Racionalização

145 ▪ *Considerações finais*
147 ▪ *Referências*
159 ▪ *Sobre o autor*

Apresentação

Escrever sobre o Estado moderno e o direito à luz dos aportes teóricos da ciência política e da teoria do Estado atende a uma necessidade social e profissional de formar pessoas não somente com habilidades técnicas e bem treinadas em dada especialidade, mas também que sejam preparadas para reconhecer as complicações provenientes da organização e do funcionamento do Estado e do direito, as quais tendem a afetar diretamente a prática diária profissional e o bem-estar social. É com base nessa carência que se constrói o objetivo deste livro. Nosso intuito é proporcionar ao leitor um conhecimento preambular sobre o Estado moderno e o direito, entendendo-os como uma engenharia humana que visa garantir a estabilidade das relações sociais e a previsibilidade da organização social e política em que estamos inseridos.

Essa engenharia chamada *Estado*, por ter como artífice nós, homens, no papel de governantes ou de governados, carrega consigo a inevitabilidade dos contratempos e dos problemas que sobrevêm dos nossos erros intencionais ou não intencionais, quando tomamos decisões, ou nos omitimos de tomá-las, em assuntos relativos à organização social e política. Além disso, este livro intenta atender e inspirar a curiosidade dos leitores que pretendem conhecer melhor o funcionamento dessas duas engenhocas humanas que nos controlam: o Estado e o direito.

A ênfase, nesta obra, recai na reflexão sobre o Estado no seu viés moderno, que se caracteriza por ser garantidor dos direitos fundamentais e estipulador dos deveres, de modo a apaziguar os conflitos existentes na sociedade. O termo *direito* tem um duplo significado: designa o sistema de normas que controlam as condutas humanas e serve para caracterizar o Poder Judiciário, responsável por interpretar a lei e aplicá-la.

Uma parte considerável dos conteúdos temáticos e das fontes adotados neste livro é proveniente das aulas que o autor ministrou em cursos de graduação e de pós-graduação. Portanto, a estrutura e os temas selecionados, bem como as fontes teóricas elegidas para nortear a reflexão, perpassam a experiência prática do autor em seu papel de professor, no qual sempre priorizou refletir sobre as questões e as inquietações levadas pelos alunos para a sala de aula. Veremos que tanto o Estado moderno quanto o direito são fenômenos compreensíveis com base em escritos das ciências sociais, das ciências políticas (política, filosofia, história) e das ciências jurídicas.

Desse modo, o leitor encontrará, no primeiro capítulo, algumas doutrinas políticas e jurídicas que nos auxiliam a compreender melhor a função social do direito e a saber um pouco mais sobre o Estado, seu papel e seu funcionamento.

A polêmica acerca do poder coercitivo do Estado e a ascensão do direito como uma vontade preponderante sobre os demais poderes serão tratadas no segundo capítulo.

No terceiro capítulo, iremos traçar uma inquirição por meio de algumas das teorias críticas do papel do Estado moderno e do direito na sociedade.

Finalizaremos este livro, no quarto capítulo, com uma reflexão sobre dois temas fundamentais: a democratização e a racionalização das atividades estatais, os quais, juntos, se colocam como tendências que afetam o funcionamento e a organização tanto do Estado moderno quanto do direito.

Por fim, gostaríamos de ressaltar que, ao percorrer os quatro capítulos deste livro, o leitor poderá observar que os temas tratados talvez não sejam suficientes para conhecermos bem o funcionamento e a organização do Estado moderno e do direito. Sabemos que, de fato, o conteúdo e as fontes teóricas aqui apresentados não esgotam a temática, que é amplamente debatida no meio acadêmico, beirando a complexidade científica. Não obstante, são assuntos necessários e fundamentais para despertar no leitor o ímpeto de pesquisar mais a fundo os temas abordados.

Introdução

A ciência política e a teoria do Estado são duas áreas de estudo que procuram analisar problemas relacionados à organização estatal. Para tanto, utilizam-se de conhecimentos oriundos da sociologia política, da filosofia, da história, do direito etc. No plano prático, essas áreas compreendem o Estado como uma experiência histórica e cultural e, no plano intelectual, procuram analisá-lo de acordo com as doutrinas da história das ideias.

Neste livro, abordaremos algumas doutrinas de teóricos do Estado que refletem sobre a política e sobre a melhor constituição que ele deve adotar. Veremos, assim, a origem, o poder e as configurações do Estado, assim como algumas das críticas levantadas a ele como reprodutor da desigualdade social. Por fim, abordaremos ainda duas tendências relativas ao governo no Estado moderno: a democratização e a racionalização das atividades governamentais.

Na abordagem desta obra, optamos pelo método culturalista, o qual sugere que, ao refletirmos sobre o Estado, devemos partir do pressuposto de que este "é uma realidade cultural, isto é, uma realidade constituída historicamente em virtude da própria natureza social do homem" (Reale, 2000, p. 9).

Buscaremos enfatizar que as leis, as normas, o arcabouço jurídico que regula as relações sociais e o direito em si estão inevitavelmente atrelados a um sistema de valores culturais, históricos e filosóficos reconhecidos pelos homens e pelos grupos que formam a sociedade. Tudo o que fazemos está regrado pelo direito (ordenamento jurídico), de modo que este se mostra uma regra social para orientar a conduta dos homens, ordenando ações e omissões. Por outro lado, o direito, como algo devido, assegura a coisa devida e a coisa atribuída a alguém. Tais pressupostos mostram a importância da lei, das normas, do direito como mecanismos que permitem que a sociedade esteja focada em um bem comum; as regras evitam que o meio social se transforme em um caos. Nesse sentido, o direito é um elemento moral, ao atuar de modo corretivo e civilizador sobre a conduta do homem.

Portanto, ao adotarmos o método culturalista neste livro, somos levados a compreender o direito também como um elemento social. Ou seja, as normas, as leis, o arcabouço jurídico não podem contrariar a realidade.

Então, de que modo a ciência política e a teoria do Estado abordam o Estado como objeto de estudo?

Desse questionamento decorre o objeto de estudo da ciência política: o fato político, mais especificamente os processos de formulação e de tomada de decisões que afetem a coletividade (sociedade). Estuda-se o Estado (expresso por certas pessoas, postos ou órgãos) por ser o local em que se manifesta e se desenvolve a política, o fato político, e se dá o exercício do poder político.

As obras O *príncipe* e *Comentários sobre a segunda década do governo de Tito Lívio*, escritas no século XVI por Nicolau Maquiavel (1994, 1998), podem ser consideradas clássicos da ciência política que exprimem bem as preocupações de se estudar o Estado. Nos dias de hoje, a ciência política caracteriza-se pela maior disponibilidade de dados em comparação aos estudos clássicos, o que é resultado do avanço dos estudos políticos em diferentes temas: elites, opiniões de massa, comportamento do eleitor, comportamento parlamentar, dados históricos. Com a ampliação de dados sobre esses e outros temas, podemos comparar regimes políticos de diversos países com o uso dos métodos histórico, descritivo e estatístico, presentes nas obras de Maquiavel.

Por outro lado, a teoria do Estado (teoria geral do Estado) analisa-o conforme sua gênese, sua evolução, sua organização e sua finalidade. Nesse sentido, compreende três abordagens:

1. teoria sociológica, que investiga a origem e a evolução do Estado;
2. teoria política ou da justificativa do Estado, que analisa os fundamentos e as finalidades do Estado e do governo;
3. teoria jurídica, que analisa a organização jurídica do Estado.

Com essas abordagens teóricas, podemos oferecer um conhecimento sobre o funcionamento do Estado e suas instituições, como os poderes políticos e o poder jurídico. Esse saber concentra os aportes teóricos jurídicos, filosóficos, sociológicos, políticos etc. para esmerilar o funcionamento, a organização e os problemas que os Estados modernos e contemporâneos vêm enfrentando.

Boa leitura.

Capítulo 1

O Estado como objeto de estudo

Existem duas fontes principais para o estudo do Estado: a história das instituições políticas e a história das doutrinas políticas. Ambas podem ser usadas por historiadores (para reconstrução da história), por juristas (no conjunto de normas que constituem o direito público) e por especialistas que analisam o funcionamento concreto do Estado em um determinado período histórico.

Além disso, o Estado pode ser estudado por diferentes campos, como a filosofia política, a doutrina jurídica, a doutrina sociológica e a ciência política.

A **filosofia política** dá ênfase ao estudo da melhor forma de governo, ao fundamento do Estado e à justificativa para a ação política.

A **doutrina jurídica** ocupa-se da análise das normas jurídicas.

O **campo sociológico** investiga a validade empírica e cultural das normas. Nesse sentido, destacam-se duas teorias sociológicas opostas: a marxista e a funcionalista. A primeira enfatiza a necessidade da ruptura da ordem social com uma mudança social, que englobaria o Estado; a segunda é dominada pelo tema da ordem e afirma a importância da conservação do sistema social, que também envolve o Estado.

A **ciência política** parte do princípio da verificação empírica de resultados de pesquisa e procura explicações causais para fenômenos relativos ao poder do Estado. Estuda a organização política, os comportamentos políticos e a atividade política.

Cada uma dessas linhas traz uma compreensão diferente do que é o Estado. Na perspectiva da ciência política, segundo Ribeiro (1985), o Estado é uma organização política criada pelo homem para efetivar a ordem social e jurídica e atuar como um poder social, a fim de atingir o bem comum. A filosofia política remete aos escritos políticos de Nicolau Maquiavel (1469-1527), do século XVI, que definem o Estado como a organização de um território habitado que se constrói segundo um poder de comando de seus agentes (Maquiavel, 1994, 1998). Sob a ótica sociológica, o Estado moderno significa, de acordo com Max Weber (1864-1920), uma dada formação histórica com características peculiares que resultou de um processo legítimo de concentração de poder nas mãos dos agentes estatais e que tem como finalidade a manutenção da ordem e do poder de comando (administrativo, jurídico e fiscal), tanto no âmbito interno quanto no externo da sociedade (Weber, 2000). No campo jurídico, destacamos a posição do culturalismo realista ou tridimensional em estudar o Estado. Reale (2000) bem define essa perspectiva ao tratá-lo como uma realidade cultural formada historicamente para atender à natureza social do homem. Nesse contexto, cabe ao Estado impor a integração entre os homens conforme o ordenamento jurídico.

Contudo, essas diferentes formas de se estudar o Estado não são opostas, senão são posições que se complementam mutuamente. O estudioso do Estado encontra na somatória dessas visões a possibilidade de compreender melhor o que é o Estado, qual é seu papel e como ele funciona. No livro *Governo e mercado*, publicado originalmente em 1970, o economista Murray Rothbard (1926-1995) chama a atenção para a importância de se conhecer melhor a organização política da sociedade chamada de *Estado*. Rothbard (2012b) salienta que a influência das atividades do Estado é tão grande sobre a conduta diária dos indivíduos que os impele para a necessidade de conhecer as diferentes perspectivas teóricas e filosóficas de sua origem e da justificativa de sua existência. Algumas dessas perspectivas oferecem a base investigativa sobre o Estado para os campos da ciência política, da sociologia, da filosofia e da doutrina jurídica. É disso que trataremos na seção a seguir.

— 1.1 —
A origem do Estado

O Estado sempre existiu ou é um fenômeno histórico que surgiu em um momento específico da evolução da humanidade? Na sequência, veremos algumas perspectivas que buscam dar conta dessa questão.

Antes, porém, vejamos, na Figura 1.1, como estão estruturadas as linhas de pensamento que abordaremos.

Figura 1.1 – Teorias sobre a origem do Estado

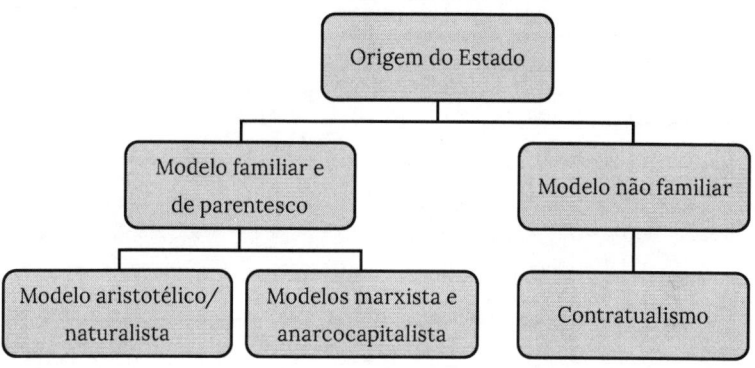

— 1.1.1 —
Modelo familiar e de parentesco

Uma perspectiva filosófica e política que oferece uma resposta à questão da origem do Estado está nos escritos políticos e filosóficos de Aristóteles (384 a.C.-322 a.C.). Outra variante da abordagem familiar é a denominada *modelos marxista e anarcocapitalista* ou *origem violenta do Estado*. Ambas têm grande influência na atualidade nos âmbitos jurídico e político.

Figura 1.2 – Variantes do modelo familiar e de parentesco sobre a origem do Estado

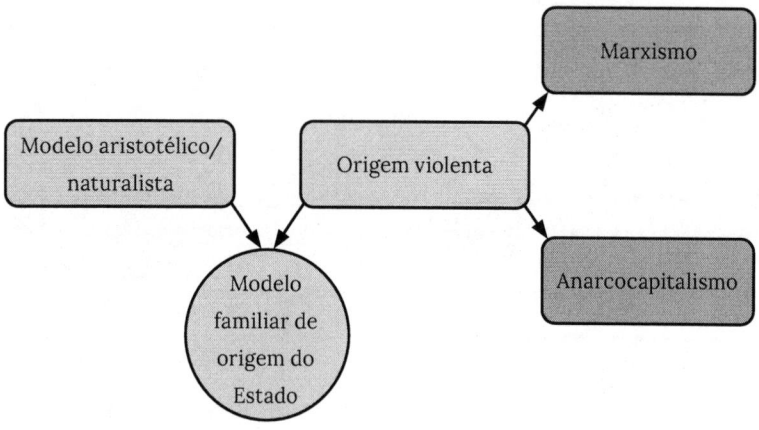

Modelo aristotélico ou naturalista

Vamos iniciar nossa abordagem pela perspectiva aristotélica ou naturalista, que tem como aplicadores Aristóteles e os pensadores Tomás de Aquino (1225-1274), Oreste Raneletti (1868-1956) e Francys Fukuyama (1952-).

Para Aristóteles, o Estado tem como origem a passagem da comunidade primitiva fundada pelos laços de parentesco para a comunidade formada por vários grupos familiares. Isto é, a organização política da sociedade é o resultado final de seu processo de desenvolvimento. Nos primórdios, haviam diferentes grupos familiares, com uma difusa distribuição de poder, que formava pequenas sociedades. A passagem para o Estado no sentido moderno resulta de **causas naturais**, como o aumento do **território**, o crescimento da **população**, a necessidade de **defesa** e a exigência de assegurar os meios necessários à **subsistência**.

No seu livro Política, Aristóteles (1985) indica que essas causas naturais fizeram com que os pequenos grupos familiares, para subsistirem, se unissem e se organizassem hierarquicamente. Essa manutenção se deu pela criação de uma sociedade com um centro de comando em comum.

Assim, os meios básicos para a sobrevivência humana não se reduzem às necessidades de ordem material, mas também compreendem as necessidades sociais do homem. Aristóteles (1985) afirma que o homem é um animal político e carrega consigo o instinto de sociabilidade. Portanto, não nasceu para o isolamento; pelo contrário, a vida associada com outros homens, em grupos, é um meio essencial para a sobrevivência humana:

> A primeira comunidade de várias famílias para a satisfação de algo mais que as simples necessidades diárias constitui um povoado. A mais natural das formas de povoado parece consistir numa colônia oriunda de uma família, composta daqueles que alguns chamam de "alimentados com o mesmo leite", ou filhos e filhos dos filhos. (Aristóteles, 1985, p. 1252b)

> As primeiras uniões entre pessoas, oriundas de uma necessidade natural, são aquelas entre seres incapazes de existir um sem o outro, ou seja, a união da mulher e do homem para a perpetuação da espécie [...] e a união de um comandante e de um comandado naturais para a sua preservação recíproca (Aristóteles, 1985, p. 1252a-1252b)

Qual é o papel do povoado ou da cidade (Estado) para a existência humana? Aristóteles parte de uma teoria sobre o homem que não concebe a espécie humana como totalmente racional. Pelo contrário, para ele, a natureza humana é formada por razão, mas também por desejos e paixões irracionais. Por consequência, os homens vivem para exercer sua racionalidade e, ainda, para satisfazer as exigências naturais de sua animalidade irracional.

Logo, a racionalidade não é suficiente para determinar as ações do homem, mesmo quando ele sabe o que é melhor e mais correto a fazer. Somente saber o que é justo e correto não é suficiente para levá-lo a agir de modo justo e correto. É importante, portanto, que deseje agir pela justiça e pela retidão. O povoado ou cidade (Estado) é o local natural dessa realização. Assim, o homem que vive organizado com outros homens conforme o Estado passa a desejar agir racionalmente, porque está em um lugar ordenado pela autoridade política que tem como função o atendimento ao bem comum coletivo (promoção da justiça e da virtude). O Estado é, para o ser humano, o lugar natural que o levará a agir de maneira racional, sendo orientado pela justiça e pela virtude. Trata-se da consequência natural e necessária da atividade da razão.

Segundo Hespanha (2012, p. 301), "o direito [...] está de acordo com a natureza". Portanto, qual é a relação entre o direito e o Estado para Aristóteles? De acordo com o pensamento aristotélico, a vida em sociedade é orientada pela aquisição de bens, de ordem econômica (bens valiosos e escassos possíveis de se adquirir) e de ordem jurídica (direitos protegidos pelas leis). Vejamos a Figura 1.3, a seguir.

Figura 1.3 – A felicidade para Aristóteles

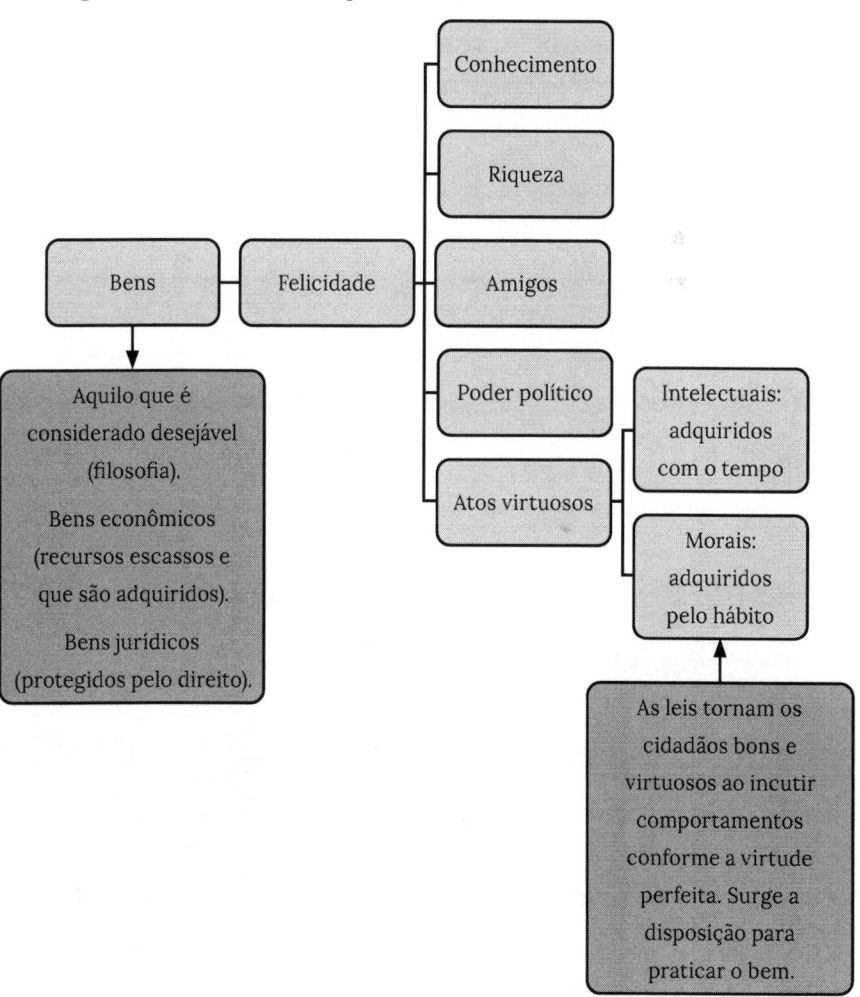

Para Aristóteles, o homem feliz é aquele que usufrui esses bens e que também tenha saber, dinheiro, amigos, poder político e atos virtuosos. Caso ele seja impedido de tê-los, é potencialmente infeliz. Desse modo, o direito, além de proteger pelas leis os bens econômicos, permite ao homem orientar seu agir de modo virtuoso. Essa posição de Aristóteles sobre o papel social do direito está presente em Hespanha (2012, p. 302), quando este adverte que "os homens procuram a associação, a associação humana pede um governo e uma lei". O direito, compreendido como as leis que controlam e regulam o comportamento dos homens em sociedade, tem como função os tornar bons e virtuosos, ao incutir um comportamento conforme a virtude perfeita.

Os modelos marxista e anarcocapitalista

Também denominada *origem violenta do Estado*, essa perspectiva defende que, em um momento específico no processo de passagem de sociedades inferiores (famílias) para sociedades superiores (povoamento, cidades), surgiu o Estado como organização política que cria a desigualdade social e se coloca como instrumento de dominação de classe.

No pensamento sociológico, o **marxismo** é uma linha dessa variante e alega que, com a legalização da propriedade privada e individual e com a divisão do trabalho, se inicia a desigualdade social. Por causa da classificação entre trabalhadores e proprietários dos meios de produção, a sociedade dividiu-se em classes, e, dessa divisão, nasceu o poder político (Estado), cuja função é manter o domínio de uma classe sobre a outra.

Uma das referências clássicas dessa linha interpretativa é o livro A origem da família, da propriedade privada e do Estado, escrito em 1884 por Friedrich Engels (1820-1895). Essa obra expõe o desenvolvimento da humanidade da barbárie à civilização, com a divisão social e técnica do trabalho, com a expropriação de um excedente de produção (propriedade privada) por uma parte da população e, depois, com a formação de uma instituição política (Estado) capaz de disciplinar e zelar pela manutenção desse tipo de exploração do trabalho.

Para descrever o desenvolvimento da humanidade, Engels (1984) baseia-se nos pressupostos antropológicos do estadunidense Lewis Morgan, para quem o desenvolvimento da família se realiza paralelamente ao desenvolvimento da humanidade. Esse processo é constituído de três momentos: selvagem, barbárie e civilização.

Na fase inferior, **barbárie**, a família abrange uma economia doméstica e é constituída pelo homem e pela mulher, que têm funções bem definidas na divisão do trabalho: o homem incumbe-se da luta, da caça e da pesca; e a mulher cuida da casa. A criação de instrumentos torna a força de trabalho capaz de produzir mais do que o necessário para sua manutenção, ao mesmo tempo que passa a ser conveniente conseguir mais força de trabalho. Os prisioneiros de guerra tornam-se escravos e passam a ser explorados em sua força de trabalho (Engels, 1984).

Na fase superior, **civilização**, consolidam-se a divisão do trabalho entre agricultura e artesanato e a criação de uma classe que não se ocupa da produção, mas da troca de produtos: os comerciantes. Estes passam a concentrar as riquezas e adquirem grande influência social. Nesse cenário, progridem a concentração e a centralização das riquezas nas mãos de poucos homens e o empobrecimento das massas. Da divisão do trabalho e da sociedade em classes, surge a força pública, o Estado.

Portanto, nessa abordagem:

- A sociedade molda-se pelos **modos de produção** e pelas **relações de produção** que deles decorrem. A forma de Estado emerge das relações de produção.
- O Estado não representa o bem comum, mas constitui-se na expressão política da estrutura de classe criada pelos modos de produção. A função do Estado é controlar os conflitos sociais e manter a ordem que reproduz o domínio econômico.

Para Engels (1984, p. 192-193, grifo do original), o Estado representa:

> a instituição de uma força pública, que já não mais se identifica com povo em armas [...] formada não só de homens armados como, ainda, de [...] instituições coercitivas de todo gênero [...].
>
> Para sustentar essa força pública, são exigidas contribuições por parte dos cidadãos do Estado: os **impostos**.

O Estado antigo era aquele dos senhores de escravos. O Estado feudal era aquele da imposição da nobreza sobre os servos. O Estado moderno representativo é o Estado do capital para explorar o trabalho assalariado.

No decorrer do século XX, essa abordagem crítica sobre a origem e a função do Estado que encontramos nos escritos de Engels e também de Karl Marx (1818-1883) sofreu inúmeras críticas de estudiosos do Estado na teoria política. Segundo Bobbio, Matteucci e Pasquino (2004), a crítica geral ao marxismo é a de que não apresenta a configuração interna, os níveis dos processos decisórios e as funções que os diversos centros de poder cumprem como organizadores dos interesses das classes dominantes. Identifica-se a natureza de classe do Estado, mas não se expõem as formas concretas em que ele se realiza.

No modelo marxista, a relação entre o direito e o Estado estabelece-se por meio do modo de produção característico de dada organização social. Vamos observar a Figura 1.4, a seguir, que mostra dois dos aportes teóricos da teoria marxista: a **infraestrutura** e a **superestrutura**.

Figura 1.4 – Superestrutura e infraestrutura na teoria marxista

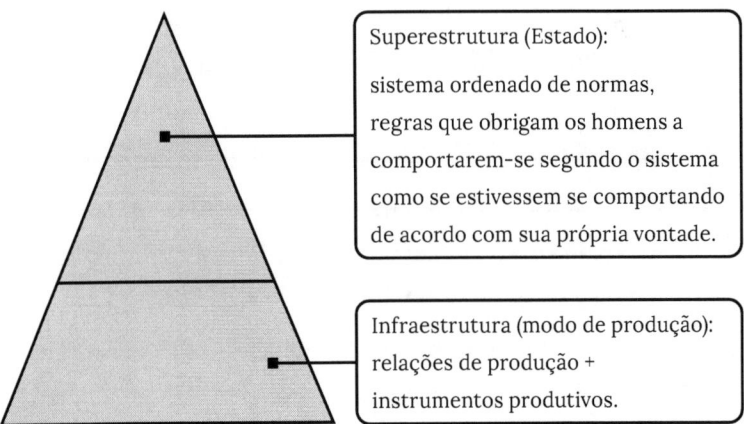

Na organização social capitalista, o direito faz parte da superestrutura e tem a função de ordenar as normas e as regras que impõem aos trabalhadores um comportamento de acordo com o interesse do sistema capitalista, favorecendo a prosperidade da classe dominante. Essa abordagem pode ser encontrada em um grupo de estudos jurídicos denominado de *teorias críticas no direito*, um ramo do conhecimento jurídico que analisa aspectos sociais e políticos que impactam a aplicação das normas, a organização do sistema judicial e a formação/carreiras dos operadores do direito.

Nas **teorias críticas no direito**, há duas abordagens: a **clássica**, que procura compreender o papel do direito na sociedade capitalista; e a **contemporânea**, que tem como intuito identificar os diferentes papéis assumidos pelo direito. Entre as várias hipóteses de pesquisa presentes nesses estudos, destacamos a que sugere a existência de um **modelo central de educação jurídica**, responsável por reproduzir um ensino jurídico acrítico, dogmatizado, formalista e comprometido com os interesses econômicos e políticos da classe dominante (Almeida, 2017).

Sobre esse assunto, Warat (1983) sumariza que, nas reflexões das teorias críticas no direito, assinalam-se os dispositivos discursivos por meio dos quais a cultura jurídica se torna um conjunto de discursos idolatrado socialmente. Também podemos verificar estudos sobre a fundamentação das funções políticas e ideológicas das concepções normativas do direito e do Estado, por um lado, na suposta separação entre direito e política e, por outro lado, na aparência que coloca a lei como garantia para os indivíduos.

Além do marxismo, há outra linha também inserida nos pressupostos da vertente aristotélica sobre a origem do Estado, a qual, no entanto, defende que o Estado é uma instituição social imposta pelo grupo vitorioso de homens que se utiliza dele para defender e regular seu domínio sobre os vencidos. Trata-se do **modelo anarcocapitalista**. Na teoria sociológica de Franz Oppenheimer (1864-1943), o Estado não tem outra finalidade que não a exploração econômica dos vencidos pelos vencedores. Essa perspectiva é aperfeiçoada por Murray Rothbard (1926-1995) (2012a), o qual argumenta que o Estado é o agente expropriador da riqueza produzida pelos outros, e tal exploração serve para beneficiar a classe saqueadora que o habita.

> Em poucas palavras, **o estado é a organização social que visa a manter o monopólio do uso da força e da violência em uma determinada área territorial**; especificamente, é a única organização da sociedade que obtém a sua receita não pela contribuição voluntária ou pelo pagamento de serviços fornecidos mas sim por meio da coerção.
>
> Enquanto os outros indivíduos ou instituições obtêm o seu rendimento por meio da produção de bens e serviços e da venda voluntária e pacífica desses bens e serviços ao próximo, o estado obtém o seu rendimento através do uso da coerção; isto é, pelo uso e pela ameaça de prisão e pelo uso das armas. (Rothbard, 2012a, p. 8-9, grifo do original)

Rothbard argumenta que o imposto determinado pelo Estado para a sua sobrevivência é recolhido de maneira compulsória, de modo que remete a uma organização criminosa. Isso porque, para o autor, existem somente duas maneiras de conseguir riqueza: pela produção e troca voluntária ou pela expropriação da riqueza. A primeira beneficia as duas partes envolvidas; a segunda, somente o grupo saqueador. A primeira é comum do meio econômico; a segunda, do meio político, do qual o Estado faz parte.

— 1.1.2 —
Modelo não familiar e contratualista

Na teoria política, o modelo contratualista é outra alternativa que podemos usar para entender a origem e o fundamento do Estado. Neste momento, destacamos três pensadores contratualistas: Tomas Hobbes (1588-1679), John Locke (1632-1704) e Jean-Jacques Rousseau (1712-1778). Esses pensadores políticos sustentavam que o Estado, como poder central, deveria colocar-se como a organização mais perfeita possível. Cada qual, com seu projeto político, influenciou, de algum modo, as revoluções políticas que ocorreram nos séculos XVII e XVIII: a Revolução Gloriosa (1688), a Revolução Norte-Americana (1776) e a Revolução Francesa (1789).

Alguns dos pressupostos teóricos do contratualismo são (Bobbio, 1991):

- o modelo do **jusnaturalismo** sobre a origem e o fundamento do Estado adotado por pensadores políticos entre os séculos XVII e o XVIII, segundo o qual o homem detém direitos que lhe são naturais e inalienáveis;
- uma **teoria racional do Estado**, que parte da hipótese da existência do homem em dois momentos distintos: o estado de natureza e o estado civil ou político.

Com base nesses pressupostos, observa-se que o ponto de partida da existência do homem para se justificar a necessidade de existência do Estado encontra-se no estado de natureza, um estado não político ou apolítico, no qual o ser humano tem como objetivo a autopreservação. Nesse contexto, o Estado como poder central não existe, e o homem tem liberdade para atuar no sentido de sua conservação e para agir e pensar, em uma relação de igualdade entre os indivíduos.

A seguir, veremos que os pensadores contratualistas que tomam como ponto de partida um estado de natureza pacífico e social são levados a considerá-lo imperfeito e inseguro. Desse estado, o indivíduo retiraria motivos e razões para fazer um contrato com os demais indivíduos, a fim de fundar o estado civil ou político.

Em **Hobbes** (1983), o poder absoluto do governante é fruto de contratos firmados entre homens, que são capazes de transformar o estado de natureza (no qual viveriam em uma guerra de todos contra todos) em sociedade organizada, em que se promove a paz. Essa passagem resume a proposta de obediência e poder soberano da teoria política hobbesiana elaborada diante da crise política da Inglaterra no século XVII.

Nesse contexto, o tema central é a unidade do poder, ameaçada, por um lado, pelo contraste entre o poder político e o religioso e, por outro, pelo dissenso entre a Coroa e o parlamento. Para Hobbes (1983), a unidade do poder só seria alcançada por meio da soberania, fruto da transferência mútua (contrato) do direito de cada um se governar e governar o outro. Refere-se a um ato que une todos em uma pessoa que se chama *Estado*. Podemos notar que, nesse caso, os conceitos-chave são **poder**, **contrato** e **estado de natureza**.

O homem, para romper com seu estado de natureza, causado pelo direito de conseguir todas as coisas necessárias para conservar a sua vida (seu direito natural), deve abrir mão desse direito transferindo-o para outra pessoa, de modo a instituir uma situação permanente de paz. A transferência deve ser mútua, como um contrato, e seu cumprimento requer um poder instituído acima dos contratantes, por meio do qual se terá a segurança da proteção de uns contra os outros. Esse poder em posição superior pode ser de uma pessoa ou de uma assembleia de homens que unifique a vontades de todos.

Portanto, para viver em uma sociedade organizada e mantida pela paz, o homem deve transferir, por intermédio de um contrato mútuo (**pacto de vontade**), o direito de cada um à proteção de sua própria vida para um poder soberano acima das partes contratantes. O poder soberano instituído ou adquirido pela força é indizível e intransferível e tem como dever a proteção e a segurança de todos. No quadro exposto por Hobbes, os homens, após firmarem o contrato, tornam-se súditos que terão direito à liberdade e obrigação de respeitar às leis civis, já que são membros de um Estado, responsável por elaborá-las a fim de promover paz e proteger cada um contra um inimigo comum.

Ao lermos **Locke** (1983), constatamos que, no estado de natureza pré-estatal, o indivíduo tem liberdade, igualdade e propriedades e utiliza-se da racionalidade para orientar suas ações e preservar-se. Diversamente de Hobbes, Locke sugere que não é a inexistência de uma autoridade a razão de o homem viver em um estado de guerra, e sim a possível violação da propriedade alheia. Segundo Locke (1983), essa infração advém da partilha desigual dos bens materiais entre as pessoas; por consequência natural, há a pobreza e a cobiça como fenômenos sociais que introduzem a violação da propriedade de modo fortuito.

> Em Locke a passagem do estado de natureza para o estado civil ou político se faz a partir do estabelecimento de um contrato, pelo qual os homens aderem ao livre-arbítrio em favor da formação da sociedade política, que será composta de um corpo político compreendendo Legislativo, Executivo e Judiciário. Esse corpo político tem como função garantir o cumprimento da lei da natureza, preservando, assim, as posses de todos os membros que aderiram ao contrato. (Quadros, 2016, p. 97-98)

Já **Rousseau** expõe seu pensamento especialmente nos livros *O contrato social* (1762) e *Discurso sobre a origem e os fundamentos da desigualdade entre os homens* (1755). Podemos dizer que o pensamento presente nessas obras procura assegurar a liberdade ao indivíduo na sociedade civil. Em *Discurso*..., Rousseau escreve uma história hipotética da humanidade com argumentos racionais, deixando de lado, sem explicação, alguns fatos históricos importantes, como o processo de transformação sofrido quando se passa da liberdade à servidão. Sem querer reduzir suas proposições, podemos afirmar que essa história representa a legitimação da desigualdade.

Com base nisso, o autor inicia a obra *O contrato social*, entretanto, com um novo objetivo: apresentar o dever de toda ação política. Rousseau (1986) pretendeu estabelecer as condições legítimas para um pacto em que o homem recebesse a liberdade civil em troca da liberdade natural perdida. Para ele, no estado de natureza o indivíduo já é detentor de liberdade:

> Limitemos tudo isso a termos fáceis de comparar. O que o homem perde pelo contrato social é sua liberdade natural e um direito ilimitado a tudo o que lhe diz respeito e pode alcançar. O que ele ganha é a liberdade civil e a propriedade de tudo o que possui. Para compreender bem estas compensações, é necessário distinguir a liberdade natural, que não tem outros limites a não ser as forças individuais, da liberdade civil, limitada esta pela vontade geral, e a posse, consequência unicamente da força e direito do primeiro ocupante, da propriedade que só pode fundamentar-se num título positivo. (Rousseau, 1986, p. 39)

A liberdade natural comum do indivíduo era incerta e precária, porque este estava no limite, podendo ceder a qualquer tentação ou paixão. Disso deriva a necessidade de implantação da sociedade civil, na qual o homem viveria com mais segurança, submetendo-se a uma lei cuja elaboração contaria com sua participação. O homem, assim, optaria pela vida em sociedade, que lhe dá a garantia de maior segurança e liberdade, porque, para Rousseau, ele é um **ser racional**. Portanto, na liberdade rousseauniana, o povo tem condições concretas de participar da elaboração de suas próprias leis, criando uma situação de igualdade:

> Pois bem, como os homens não podem engendrar novas forças, senão somente unir e dirigir as existentes, não têm outro recurso para sua conservação além de formar por agregação de uma soma de forças que possam sobrepujar a resistência, pô-las em jogo para um só móvel e fazê-las conjuntamente. [...] "Encontrar uma forma de associação que defenda e proteja a pessoa e os bens de cada associação de qualquer força comum, e pela qual, cada um, unindo-se a todos, não obedeça, portanto, senão a si mesmo, ficando assim tão livre como dantes". Tal é o problema fundamental que o Contrato social soluciona. (Rousseau, 1986, p. 35)

Do mesmo modo que Hobbes, Rousseau (1986) coloca o indivíduo como detentor de racionalidade, sempre procurando maximizar os benefícios resultantes de seus atos. O contrato social ou pacto social, na perspectiva do autor, promoveria "um novo homem", com participação política, compatibilizando segurança com liberdade. Para os contratantes, a cláusula fundamental desse contrato social é a alienação total de cada homem munido de seus direitos a favor da comunidade, de modo a instaurar uma situação de igualdade. Ou seja, esse pacto proporia a submissão do homem à vontade geral e teria como fim a liberdade civil e a segurança da própria vida.

Para evitar que a perversidade e o egoísmo do homem rompam com o contrato, emprega-se a coerção. Além disso, o Estado ou governo é o executor da "vontade geral". O ato de vontade para a formação da sociedade civil deve-se efetivar por meio da criação de mecanismos adequados e eficazes para sua realização.

Segundo Rousseau (1986), apesar de o corpo administrativo do Estado ser limitado pelo poder do povo, ele sempre tende a inverter os papéis, ou seja, tende a subjugar a vontade da população em prol de seus interesses particulares. Logo, o governo deve ser um corpo intermediário entre o povo e o Legislativo, com autonomia para convocar assembleias e conselhos. No entanto, essa autonomia é limitada por assembleias gerais para julgar o governo, decidindo sobre seu futuro.

Quadros (2016, p. 85-86) sintetiza que:

> Nessa história hipotética e racional sobre a origem do Estado construída pelos pensadores contratualistas, a passagem do estado de natureza para o estado civil ocorre a partir do momento em que os homens decidem sair por vontade

própria do estado de natureza. Os motivos que levam os homens a aderir ao estado civil e ficar sob a proteção do Estado são distintos em cada pensador contratualista, [...] é comum entre eles a ideia de que a transição do estado de natureza para o estado civil se faz a partir do estabelecimento de um contrato ou pacto social fruto de um consenso entre os indivíduos.

O estado de natureza, o estado civil e os direitos naturais são alguns dos aportes teóricos contratualistas que, quando usados para o entendimento da origem do Estado e do papel social do direito, requerem, de acordo com Chiappin e Leister (2010), a adoção das seguintes premissas:

- O homem moderno não aceita nenhuma autoridade que não seja comprovada cientificamente.
- A cooperação social é uma construção artificial que a humanidade arma em um contexto de conflito de interesses.
- Com a presença do Estado e do direito, voluntariamente o indivíduo deve abrir mão de parte de seus direitos naturais.

Hespanha (2012) corrobora essas premissas ao enfatizar que a relação entre o direito e o modelo contratualista contribuiu para um direito mais empírico, racional e laicizado (século XVI), capaz de valer-se independentemente da identidade de crenças, em uma emancipação da fundamentação religiosa.

Os direitos naturais não podem desenvolver-se plenamente no estado de natureza? Não, porque se chocariam com os direitos dos outros. É necessário, portanto, reduzir os direitos naturais para permitir a convivência. O direito positivo tem a sua fonte no poder e na vontade e o direito objetivo é resultado de um ato voluntário dos homens em favor do Estado.

— 1.1.3 —
Comparação entre os dois modelos: familiar e não familiar

Agora, podemos tecer algumas conclusões comparativas entre os dois modelos. Inicialmente, o que chama a atenção é que ambos permitem compreendermos que a sociedade politicamente organizada se justifica por resultar de uma necessidade natural do homem, de sua consciência e de sua vontade (Dallari, 2011).

Os dois modelos caracterizam a evolução da sociedade medieval e do Estado medieval para a sociedade moderna e o Estado moderno (Poggi, 1981). A **sociedade medieval** tinha caráter pluralista, com um arcabouço jurídico criado por várias fontes (costume, justiça, impostos); além disso, era organizada em diversos ordenamentos jurídicos (Igreja, feudos, comunas/cidades, corporações/agremiações). Assim, não existia um critério único de avaliação jurídica. Na **sociedade moderna**, houve a unificação das fontes de produção jurídica na condição de expressão da vontade do soberano.

De acordo com Dallari (2011), entre os elementos que distinguem a sociedade organizada politicamente da não organizada, podemos destacar a finalidade social, as manifestações de conjunto ordenadas e a existência do poder social. A **finalidade social** corresponde a um objetivo conscientemente estabelecido, por exemplo, o bem comum, entendido como "a criação de condições que permitam a cada homem e a cada grupo social a consecução de seus respectivos fins particulares" (Dallari, 2011, p. 35). Já as **manifestações de conjunto ordenadas** (ordem social ou jurídica) consistem em reiteração, ordem e adequação:

- **Reiteração**: permanentemente a sociedade realiza manifestações para chegar a um objetivo. Como assegurar uma ação conjunta com base em um objetivo comum?
- **Ordem**: ordem jurídica que organiza os movimentos dos indivíduos e dos grupos com base em leis.
- **Adequação**: a livre manifestação e as aspirações dos membros devem ser adequadas ao objetivo final.

Por fim, temos a polêmica existência de um **poder social**. É necessário um poder social que controle as condutas dos homens que optam por viver organizadamente em sociedade? Algumas correntes de pensamento negam essa necessidade (Diógenes, cristianismo, Santo Agostinho, anarquismo, anarco-capitalismo). Contudo, na teoria do Estado e na ciência política, existem correntes que reconhecem como necessário o poder social, com base em uma análise de ordem histórica. Sobre isso, podemos dizer que o conflito nas sociedades é algo natural, tal que, para possibilitar a cooperação entre os homens, se faz necessária a intervenção de uma vontade preponderante sobre as demais, o que se caracteriza como um poder comum. Essa questão será abordada a seguir, no Capítulo 2.

Capítulo 2

O *poder do Estado*

Observemos a seguinte citação de Bobbio (1987, p. 80): "O poder político [...] [identifica-se] com o exercício da força e passa a ser definido como aquele poder que, para obter os efeitos desejados [...], tem o direito de se servir da força". Nessa passagem, o autor indica como podemos diferenciar o poder político (Estado) das demais formas de relação de poder presentes na sociedade.

Neste capítulo, vamos refletir acerca da distinção do poder do Estado. Um dos estudiosos desse assunto foi Weber, que, em seus escritos, abordou conceitos como poder, dominação e legitimidade, com base em fundamentos da sociologia compreensiva e da teoria da ação social. Contudo, antes de tratarmos do poder do Estado em Weber, é importante destacarmos que, para ele, a sociologia deve ser considerada uma **ciência compreensiva** que busca entender a ação social por meio da interpretação. Uma vez compreendida a ação social, pode-se explicá-la de forma causal em seu desenvolvimento e em seus efeitos (Weber, 1995).

Para aplicar a sociologia compreensiva ou interpretativa, primeiramente é preciso compreender o termo *ação* como um comportamento humano (interno, externo, de permissão ou de omissão) em que o sujeito executa algo, interna ou externamente, de acordo com um sentido subjetivo. Isso quer dizer que, para Weber (1995), ao agir, o indivíduo atribui um sentido, um motivo à sua ação. Portanto, se dois indivíduos estão envolvidos em uma relação de poder, ambos lhe atribuem um motivo pessoal.

Basicamente, **poder** significa a oportunidade de um indivíduo fazer triunfar, em uma relação social, sua própria vontade sobre o comportamento de outros. Essa definição weberiana corresponde a uma imposição intencional da vontade sobre o comportamento de terceiros. Todavia, essa vontade imposta pode ser aceita ou não, o que possibilita o surgimento de conflitos ou resistências.

De acordo com Weber (2000), a definição mais geral de poder anteriormente dada não pode ser vinculada necessariamente a uma relação de dominação. Isso porque, segundo ele, a dominação somente ocorre quando há pessoas dispostas a obedecer a uma ordem: "as pessoas dominadas têm que se submeter à autoridade invocada pelas que dominam no momento dado. Quando e por que fazem isto, somente podemos compreender conhecendo os fundamentos justificativos internos e os meios externos nos quais se apoia a dominação" (Weber, 2000, p. 526).

Nesse caso, o conceito de dominação vincula-se mais precisamente ao significado de autoridade, o qual remete à ideia de obediência/submissão a certas ordens. Na relação de dominação, reforça-se o significado que os comandados e os comandantes atribuem à relação de autoridade. Além de emitirem ordens, os indivíduos que comandam afirmam ter autoridade legítima para fazê-lo e, consequentemente, esperam que elas sejam obedecidas. Do mesmo modo, a obediência dos comandados apoia-se na noção de que aqueles que os comandam apresentam uma ordem legítima de autoridade.

De acordo com a teoria weberiana, três tipos de dominação procuram a crença dos indivíduos para sustentar sua legitimidade, cada qual com seu tipo de obediência, de quadro administrativo e de exercício de dominação: dominação racional-legal, dominação tradicional e dominação carismática. A **dominação raciona-legal** baseia-se na obediência a uma regra decretada que define a quem se deve obedecer. A **dominação tradicional** vale-se da obediência motivada pelo crédito às tradições e à lealdade pessoal a quem se deve obedecer. E, por fim, na **dominação carismática**, a obediência é um reflexo do apego do seguidor ao carisma daquele a quem obedece. Segundo Weber, a ordem legítima de dominação racional-legal corresponde à estrutura moderna do Estado.

Vale, aqui, uma ressalva sobre o caráter instável da ordem legítima, porque, na tipologia weberiana dos **tipos puros ideais**, se observa a presença de um quadro administrativo encarregado de implementar o cumprimento e a aceitação da legítima vontade dos dominantes. Conforme observa Cohn (1997, p. 30, grifo do original): "Nesse caso, o conteúdo de sentido assim aceito assume forma de **validação** de uma **ordem** (que pode ser convencional ou jurídica) legítima". Na dominação racional-legal, esse quadro administrativo característico é a burocracia pública, formada por funcionários contratados por mérito, que se distinguem por serem especialistas competentes e obedecem à hierarquia de modo impessoal. Por conseguinte, o Estado moderno, para Weber (2000), é caracterizado sociologicamente por ser a instituição que postula o uso e o monopólio legítimo do poder em seu território.

Cabe frisar que esse entendimento sobre o que caracteriza, em Weber, o conceito de ordem legítima nos permite investigar o Estado, a Igreja e o direito como exemplos de instituições sociais que guardam uma legitimidade em seu papel e em sua função na sociedade.

Como diferenciar o poder político (Estado) das demais formas de relação de poder presentes na sociedade? Bobbio (1990), corroborando as observações de Weber, enfatiza que o Estado detém para si o poder político caracterizado pelo **uso da força**, que, de fato, é a condição necessária, mas não suficiente.

Giddens (2001) descreve sociologicamente como foi o processo de exclusividade e monopolização do poder por parte do Estado, que resultou na consolidação das fronteiras do Estado absolutista. Para o autor, inicialmente houve a centralização do poder administrativo:

> A coordenação e centralização do poder do Estado, na França e por toda a Europa, levou a monarquia a uma confrontação com as organizações corporativas (cidades, assembleias, parlamentos). As cidades francesas, muitas das quais desfrutavam uma independência considerável, passaram a ser regulamentadas por prefeitos nomeados pela Coroa. (Giddens, 2001, p. 121)

O momento posterior desse processo foi o desenvolvimento de novos mecanismos de leis: "No período do absolutismo iniciou-se o encarceramento e a extensão de ações cerceadoras controladas pelo Estado, substituindo às formas de sanção das comunidades locais que tinham sido predominantes antes" (Giddens, 2001, p. 125). O passo seguinte foi a alteração no modo de gerenciamento fiscal, que serviu para o Estado angariar recursos para as guerras militares, que demandavam gastos imensuráveis (Giddens, 2001).

Giddens (2001) argumenta que a vigilância e a pacificação internas, juntamente com a proteção dos direitos contratuais, com o desenvolvimento de um sistema monetário protegido pelo Estado e com a formação de um sistema de taxação, foram impostos ao Estado absolutista pelo capitalismo (mercantilização de produtos e de mão de obra) e pelo industrialismo (mecanização da produção). Assim, transforma-se a sociedade e o Estado absolutista torna-se a fase inicial do Estado-nação (Estado moderno): "um conjunto de formas institucionais de governo, mantendo um monopólio administrativo sobre o território com fronteiras (limites) demarcado, seu domínio sancionado por lei (legítimo) e por um controle direto dos meios internos e externos de violência" (Giddens, 2001, p. 145).

Por que o Estado se vale da força para a manutenção da sociedade? Destacamos, a seguir, duas perspectivas que reforçam a importância de o Estado reclamar para si o acesso privilegiado a recursos e a meios de coerção física.

A **política como alocação de recursos**, abordagem cunhada pelo cientista político canadense David Easton (1917-2014) (2014), interpreta a sociedade como um sistema social em que há um fluxo contínuo de transferência de objetos valiosos e escassos (bens físicos, poder, respeito, direito etc.). Nesse sistema, os indivíduos objetivam apropriar-se e usufruir desses objetos. Para ser previsível e estável, o processo de partilha ou alocação desses objetos é estruturado pelo costume (cultural, hábito), pela troca (negociação) e pela ordem (poder de mando). A alocação de recursos pela ordem é o domínio da política ou do sistema político, já que, para haver uma estabilidade, é necessária a distribuição de objetos valiosos, a qual é realizada pelo Estado, dotado de poder vinculatório. Nas palavras de Easton (2014, p. 224, tradução nossa), "como sustento no livro *Sistema político*, podemos denominar *sistema político* [Estado] aquelas interações de partilha de objetos que são asseguradas pela autoridade [poder de mando] em uma sociedade; isso é o que distingue esse sistema [o Estado] dos outros sistemas[1]".

Encontramos outra abordagem sobre o exercício do poder coercitivo estatal em Carl Schmitt (1888-1985) (2008). Em sua perspectiva, o Estado reivindica o monopólio legítimo da força, a fim de proteger a coletividade de ameaças externas. De acordo com Schmitt (2008), as decisões políticas não devem estar restritas à distinção entre legal e ilegal; senão se considera a eficiência do governante em atingir o objetivo final de toda e qualquer ação estatal. Por conseguinte, para o autor, o Estado tem como função de sua existência garantir a manutenção da segurança

---

1   No original: "Como sostuve en *The Political System*, puede denominarse sistema político a aquellas interacciones por medio de las cuales se asignan autoritariamente valores en una sociedad; esto es lo que lo distingue de otros sistemas de su medio".

da sociedade perante ameaças externas. Para tanto, é imprescindível que tenha autonomia na tomada de decisões e no uso dos recursos coercitivos para cumprir seu objetivo. A polêmica desse posicionamento de Schmitt consiste em afirmar que, para proteger a sociedade, o Estado pode, se necessário, tomar ações ilegais ofendendo, por exemplo, o Estado de direito. Por óbvio, essa posição sobre os não limites para ação do Estado é questionável e reprovável – para conter as ações estatais que caminham nesse sentido, a solução é, justamente, o Estado de direito.

— 2.1 —
O Estado de direito

De acordo com Costa (2012), o Estado de direito, o Estado constitucional e o Estado democrático são respostas ao monopólio da força legítima que o Estado detém para a instauração da ordem na sociedade. Durante os séculos XVII e XVIII, no âmbito das doutrinas filosóficas e políticas, questionava-se a possibilidade de o governante abusar desse poder legítimo. Como evitar que isso aconteça? Para Bobbio (1997), as doutrinas oferecem três soluções contra esse possível abuso:

1. **Teoria da separação dos poderes**: o poder do Estado não deve estar centrado em uma só pessoa, mas distribuído entre diferentes órgãos. Assim, não haverá uma pessoa que detenha todo o poder e existirá um controle recíproco contra o abuso de poder.

2. **Teoria da soberania popular (democracia)**: conseguir a participação de todos os cidadãos é a melhor forma de evitar o abuso de poder do Estado. A solução não é limitar o poder, mas mudar seu titular (soberania popular).
3. **Teoria dos direitos naturais ou jusnaturalismo**: apresenta as seguintes bases teóricas:
   - Jusnaturalismo: todos os homens têm por natureza certos direitos fundamentais (à vida, à liberdade, à segurança, à felicidade). O Estado deve protegê-los contra a violação desses direitos. Esse é um pressuposto do Estado liberal porque oferece uma boa justificativa para limitar seu poder.
   - Contratualismo: atrela-se a uma concepção individualista da sociedade. A legitimidade do Estado fundamenta-se em um "acordo voluntário" (liberdade de aderir ou não) entre os indivíduos para uma livre e ordenada convivência.
   - Estado limitado: a intervenção do Estado na sociedade é mínima e seus poderes são limitados.

Segundo Bobbio (2000), o Estado de direito é uma concepção intelectual filosófica e política que decorre dos pressupostos da teoria dos direitos naturais (jusnaturalismo). Os limites impostos ao poder estatal dão origem ao Estado de direito, definido como

> geralmente um Estado em que os poderes públicos são regulados por normas gerais (as leis fundamentais ou constitucionais) e devem ser exercidos no âmbito das leis que os regulam,

salvo o direito do cidadão de recorrer a um juiz independente para fazer com que seja reconhecido e refutado o abuso ou excesso de poder. (Bobbio, 2000, p. 18)

De acordo com as doutrinas filosóficas e políticas, o Estado, em sua configuração constitucional, é resultado de duas manifestações teóricas (Bobbio; Matteucci; Pasquino, 2004), a saber:

- **O constitucionalismo:** doutrina jurídica que assegura aos cidadãos o exercício de seus direitos individuais e coloca o Estado em condições de não poder violá-los. A solução para limitar o poder estatal decorre de algumas técnicas jurídicas: divisão do poder ou separação dos poderes, governo das leis, teoria das garantias (liberdade negativa), Estado de direito (nas versões alemã e inglesa).
- **A Constituição:** estrutura de uma comunidade política organizada, ordem necessária que deriva da designação de um poder soberano e dos órgãos que o exercem. As leis fundamentais de um povo. Afirma-se a superioridade do indivíduo (influência jusnaturalista). Limitam-se os poderes dos governantes.

O Estado constitucional, portanto, é uma forma bem específica, baseada na separação dos poderes, que substitui a monarquia absoluta. Alguns dos marcos teóricos do Estado constitucional são a Revolução Gloriosa (1689, Inglaterra), a Revolução Belga (1830) e a Revolução de 1905 (Rússia). Em síntese e de acordo com Bobbio, Matteucci e Pasquino (2004), o Estado constitucional é produto de um movimento de resistência (constitucionalismo) que objetiva evitar que o Estado viole os direitos individuais, propondo a divisão dos poderes e o governo das leis (Estado de direito).

Novais (2006) oferece uma interessante descrição da transformação histórica do Estado social até o Estado de direito. Para ele, o princípio da formação do Estado de direito deu-se no Pós-Primeira Guerra Mundial, com as crises do liberalismo econômico e político. Esse movimento entrou em marcha com as seguintes circunstâncias:

- estadualização da sociedade: atuação global do Estado sobre a sociedade, com atendimento de qualidade no que se refere às condições de existência social;
- socialização do Estado: pressão exercida pela sociedade sobre o Estado para garantir prestações e direitos sociais e políticos.

Conforme salienta Novais (2006), o **Estado social** foi o resultado desses dois momentos, ao passo que o **Estado democrático** consistiu em uma ilação do reconhecimento do cidadão como participante direto na intervenção social estatal (democracia política). Por fim, o **Estado de direito** traduz-se em três pressupostos: o reconhecimento e a afirmação das liberdades individuais; a garantia dos direitos fundamentais e sociais ao cidadão; a recognição dos direitos fundamentais como valores sociais prescritos para a sociedade como um todo – nesse sentido, a jurisprudência tem grande importância, pois simboliza o direito contra terceiros (Novais, 2006). No Estado de direito, "O império da lei e o princípio da legalidade sofrem os ajustamentos que decorrem necessariamente da invasão em todos os domínios da vida social por parte do Direito" (Novais, 2006, p. 202).

Streck e Moraes (2014) chamam a atenção para o fato de que, nesse tipo de organização estatal, o poder do Estado é limitado pelo direito, o que confere uma primazia às regras jurídicas perante a autoridade pública. Em uma leitura atual sobre o Estado de direito, prosseguem os autores, além de colocar-se como um mecanismo para limitação do poder do governante, essa forma de organização estatal também profere a garantia das liberdades políticas e civis (Estado liberal), a prestação dos direitos sociais (Estado social) e o reconhecimento dos valores democráticos (Estado democrático). Desse modo, temos, no decorrer do século XX, um Estado liberal de direito, um Estado social de direito e um Estado democrático de direito.

Todavia, vale o destaque para os apontamentos de Neumann (2014) sobre o Estado de direito na vertente liberal de Locke, que, por um lado, é conhecido pela defesa da liberdade, mas que, segundo o autor, defende a ação do governante pela prerrogativa do uso da força pelo Estado em detrimento da lei. Essa ação, nessa perspectiva, seria necessária para conduzir as pessoas de volta ao estado de bondade natural, fundamental para a harmonia social e a convivência pacífica, como refletimos anteriormente.

Também podemos destacar a síntese feita por Morais Junior (2007) sobre a evolução dos objetivos sociais do Estado de direito até os do Estado constitucional:

- O Estado de direito é designado como um Estado submetido às leis e que tem limitada sua intervenção na liberdade individual.
- A ausência do Estado em determinados âmbitos da vida social impõe a admissão de obrigações impostas pelas leis (Estado social de direito).
- Aumentou a participação do povo nas decisões políticas (Estado democrático).
- Para a plena efetividade da Constituição, busca-se afirmar seu caráter normativo (Estado constitucional), o que implica a transferência da garantia contra o uso arbitrário do Poder Legislativo para o Poder Judiciário. Este, por sua vez, é primordial na garantia dos direitos fundamentais.

As interpretações de Novais (2006) e Morais Junior (2007) quanto à essência do Estado constitucional de direito evidenciam que o fenômeno do protagonismo social do Judiciário foi uma consequência natural da garantia dos direitos fundamentais ao todo social.

Ferraz Junior (1994), após analisar a teoria da separação dos poderes de Montesquieu (1689-1755), sugere uma interpretação pertinente sobre o protagonismo do Judiciário. Essa teoria propõe a progressiva separação entre os poderes políticos e o poder jurídico, de modo que a "inibição" dos poderes seria um meio para evitar o despotismo do Estado e conseguir a moderação do governo. Segundo Ferraz Junior (1994), essa inibição, por um lado, foi fruto da neutralização do Judiciário, a qual impôs a imparcialidade do juiz e o apartidarismo de suas funções, ou seja, esse poder se tornou indiferente à influência externa. Por outro lado, a inibição do Judiciário está presente no controle constitucional, que o coloca como um regulador do uso político da violência legítima. Portanto, ao mesmo tempo que evita que o Legislativo e o Executivo utilizem a força não legítima, o Judiciário filtra o uso da força pelos poderes políticos.

A partir do século XX, com a reivindicação dos direitos sociais (à saúde, ao transporte, à habitação, à educação, ao lazer etc.) e dos novos direitos sociais (ecológico, à inclusão das pessoas com necessidades especiais, dos negros, dos homossexuais, das mulheres, dos indígenas etc.), o Judiciário passou a não somente julgar, mas também a conduzir a concretização dos avanços nessa seara, tal que o juiz se vê corresponsável e protagonista no alcance das finalidades sociais do Estado (Ferraz Junior, 1994).

Assim, o protagonismo do Judiciário consiste em sua própria desneutralização, o que impõe a responsabilidade prospectiva na realização de objetivos políticos determinados aos demais poderes devido às exigências do Estado social. No entanto, essa evidenciação do Judiciário o expõe à crítica pública, presente nos veículos de comunicação que questionam a responsabilidade e a independência desse poder em relação a controles externos a ele.

Tomelin (2018) oferece uma interessante análise desse assunto ao realizar um estudo acerca do funcionamento expansivo do Judiciário no Brasil. Essa expansão, para o autor, é um processo de evolução pelo qual passa o sistema judicial brasileiro. O pressuposto dessa análise recai sobre a existência de um Executivo hipertrofiado e de um Legislativo deslegitimado, o que leva o Judiciário a adaptar-se para o enfrentamento dos vácuos deixados pelos demais poderes. Além disso, Tomelin (2018) destaca o protagonismo judicial concedido pela Constituição de 1988, que garante uma atuação mais incisiva do Supremo Tribunal Federal (STF). Desse modo, retornamos ao assunto de que tratamos há pouco, de que a funcionalidade expandida do Judiciário está interferindo na clássica separação de poderes e na força destes de gerirem a sociedade.

A denominação *Estado constitucional com a separação dos poderes* deve ser entendida, segundo Tomelin (2018), com base no Estado jurislador, em que o Estado de direito carrega o protagonismo dos tribunais, o qual é benéfico desde que a atuação do Judiciário esteja adequada à realidade social. O argumento do autor consiste no fato de que o Judiciário deve trazer a segurança jurídica para a pacificação social e a legitimação democrática. A primeira intenta evitar uma guerra de todos contra todos. Já a segunda nasce da aceitação das normas elaboradas e votadas pelos representantes do povo, que indicam uma decisão coletiva da sociedade. Cabe, então, ao Judiciário interpretar a lei votada e legislada pelo Legislativo para averiguar se, em essência, ela é efetivamente democrática. Atualmente, no campo jurídico e na ciência política, esse protagonismo do Poder Judiciário na vida social é objeto de estudo, em linhas de pesquisa que versam sobre:

- **judicialização da política**, com a expansão das competências dos tribunais e dos juízes, já que o Judiciário visa dar cobertura a setores desamparados, o que judicializa as políticas públicas, e com a atuação do Judiciário na megapolítica, que consiste na judicialização de temas de grande apelo político e social devido ao excesso de confiança social nesse poder e ao controle constitucional que exerce;
- **politização da justiça**, com interferências diretas do Judiciário em questões tecnicamente políticas, de modo que este se torna uma ferramenta estratégica adotada pelos grupos políticos em disputa, e os juízes passam a ser consultados pelo Legislativo e pelo Executivo antes da aprovação formal de projetos;
- **presidencialismo de coalizão**, pois o Executivo necessita de coalizões para formar a base parlamentar de apoio ao governo e aprovar projetos e emendas. Ao não conseguir apoio majoritário para a garantia dos direitos fundamentais, cria-se uma instabilidade governamental, o que favorece a judicialização da política.

Capítulo 3

A crítica ao Estado

No primeiro capítulo, abordamos brevemente a teoria marxista, para a qual o processo histórico dos agrupamentos sociais é representado pelas lutas de classes. No marxismo clássico, o Estado (superestrutura) não representa o bem comum, senão é a expressão política da estrutura de classe criada pelo modo de produção (infraestrutura). A função do Estado é controlar os conflitos sociais e manter a ordem que reproduz o domínio econômico favorável à classe dominante. Essa abordagem pode ser encontrada nas obras clássicas de Marx: *Manifesto do Partido Comunista* (1848); *Guerra civil em França* (1852); *O 18 de brumário de Luís Bonaparte* (1853).

Assinalamos, ainda, que a crítica do marxismo clássico sobre o papel do Estado moderno resulta em uma crítica ao pensamento jurídico. Nesse sentido, argumenta-se que o direito (leis, doutrinas) reflete a infraestrutura social ao defender os interesses e exprimir os pontos de vista da classe dominante. Implicitamente, nesse argumento, critica-se o positivismo e o idealismo jurídicos, que defendem o direito como um sistema de princípios e conceitos produtos da razão, imparciais e que geram respostas neutras. Para o marxismo clássico, o direito é um instrumento ideológico de classe para impor normas de conduta e disseminar uma ideologia. Portanto, o direito burguês oculta que as pessoas reais não são iguais e dissemina a liberdade negocial escondendo que, na negociação, os indivíduos são condicionados por constrangimentos econômicos e sociais e que alguns estão em posições mais favorecidas.

Feito esse breve resumo, vale destacarmos que, a partir da década de 1960, estudiosos se utilizaram das proposições do marxismo clássico de que o Estado não representa o bem comum. Veremos algumas dessas abordagens a seguir.

— 3.1 —
O Estado na sociedade capitalista

Claus Offe (1940-) é um dos teóricos de destaque na crítica ao Estado na sociedade capitalista. Em seus escritos, demonstra receber uma influência dos aportes conceituais e teóricos do marxismo e da burocracia weberiana. Para Carnoy (1988), Offe mostra que o Estado moderno capitalista é "independente" de qualquer controle sistemático da classe econômica, mas a burocracia (agentes estatais) depende da acumulação de capital para continuar existindo como instituição (Estado). Além disso, afirma que o Estado serve como intermediário legítimo para as reinvindicações dos trabalhadores e é o local das principais crises do capitalismo. Abordaremos essas duas constatações teóricas nas Subseções 3.1.1 e 3.1.2 a seguir..

— 3.1.1 —
Estado e o processo de acumulação

Com a leitura da abordagem de Offe (1984), identificamos que, para estudarmos o papel do Estado, é importante nos orientarmos por dois pressupostos:

1. o Estado não favorece interesses específicos, mas protege e sanciona instituições e relações essenciais para a dominação de classes do capital;
2. o Estado como uma forma institucional é caracterizado por quatro determinações funcionais:
   a. privatização da produção: a propriedade que funciona produtivamente é a privada, que não está sujeita a decisões políticas (capital, infraestrutura, terras, máquinas, mão de obra);
   b. dependência de impostos: os agentes do aparelho do Estado dependem de recursos provenientes do processo de acumulação privada (sistema de tributação);
   c. acumulação como ponto de referência: as ações dos agentes do Estado são orientadas para criar condições políticas que favoreçam o processo privado de acumulação – para Offe (1984, p. 124), "os agentes do poder estatal [...] – a fim de assegurar sua própria capacidade de funcionamento – obedecem, [sic] como seu mandamento mais alto ao imperativo da constituição e consolidação de um 'desenvolvimento econômico favorável'";

d. legitimação democrática: os conflitos e a formação das vontades são exercidos com base no Estado democrático e representativo, no Estado de direito e no Estado constitucional. Segundo Offe (1984, p. 125),

> A dependência do poder estatal com relação a atos de aclamação, através de eleições gerais, contribui para encobrir o fato de que os recursos materiais [...] dependem em primeira instância dos ingressos extraídos do processo de acumulação, e de que a utilização desses recursos somente é determinada pelas preferências do público eleitor na medida em que essas preferências estejam em consonância com os requisitos de uma acumulação continuada.

De acordo com esses pressupostos, a pergunta que devemos fazer é: Qual é o papel do Estado no atendimento ao interesse comum das classes que formam a sociedade capitalista? Para Offe (1984), a ação ou a política estatal consiste em criar condições para que cada cidadão seja incluído nas relações de troca; já cada proprietário (empregador e empregado) deve introduzir sua propriedade (capital, infraestrutura, máquinas, mão de obra) nessas mesmas relações. Portanto, não haveria razão para o Estado intervir no processo privado de partilha de bens socialmente valorizados (Offe, 1984). Além disso, este deve assegurar que a propriedade seja empregável e empregada no mercado e, para tanto, isso deve parecer lucrativo para seu proprietário.

O problema ou obstáculo para o desenvolvimento da sociedade capitalista, segundo Offe (1984), é que, historicamente, esta apresenta uma paralisação da viabilidade do mercado, isto é, uma interrupção das relações de troca. Assim, a incorporação das propriedades individuais na relação de troca é interrompida (desemprego, recessão econômica). Nessa situação, os agentes do Estado passam a ter como objetivo a criação de condições que protejam os interesses gerais de classe (manutenção das relações de troca). Offe (1984) afirma que, historicamente, surgiram três estratégias para solucionar essa paralisação do mercado:

1. o Estado liberal (contemplação passiva do Estado);
2. o Estado de bem-estar social (criação de proteções artificiais para os indivíduos que não estão inclusos nas relações de troca);
3. o Estado social (criação política das condições que possibilitam a relação de troca).

No capítulo anterior, refletimos sobre esses três tipos de configuração presentes no Estado moderno. De acordo com a abordagem política de Offe (1984), os instrumentos específicos empregados por essas três alternativas são: ordem e proibições; incentivos financeiros e em infraestrutura; e decisões (consenso) como resultado de formas de organização representativa. Como consequência natural dessas ações, há:

- no nível econômico, a sobrecarga de tributos aos proprietários (empresários e trabalhadores);

- no nível político, o crescimento da administração estatal (burocracia, agentes estatais);
- no nível ideológico, uma igualdade de oportunidades, mas as perdas individuais que resultam do processo de troca passam a ser atribuídas à incompetência individual, e não às instâncias sociais.

— 3.1.2 —
Seletividade estrutural e caráter de classe do Estado

Há um interesse único de classe? Se sim, como identificá-lo em seu exercício?

Para identificarmos a seletividade estrutural do Estado a favor de determinados grupos, devemos, segundo Offe (1984), verificar o interesse de classe em um processo de seleção ou sistema de filtro de gerência estatal (dominação organizada do Estado). Neste, o Estado cumpre um papel de coadjuvante e de força repressiva, de modo que

> A dominação política como dominação de classe caracteriza-se [...] por funções de formação de vontade, de seleção e de integração, estruturadas de tal forma que permitem ao Estado, graças à sua forma de organização burocrática, sua neutralidade formal e seu acervo de informações, articular um interesse de classe. (Offe, 1984, p. 149)

Como o Estado executa esse processo de seleção? Para Offe (1984), isso pode ocorrer em quatro níveis:

1. **estrutura**: juridicamente se define previamente o que é e o que não é objeto da política estatal, delimitando a possibilidade de acontecimentos políticos;
2. **ideologia**: normas ideológicas e culturais;
3. **rotinas processuais**: certos temas, grupos ou interesses são favorecidos e outros, excluídos (teoria da não decisão);
4. **repressão**: atos repressivos e ameaças via polícia, Forças Armadas e Judiciário.

Nesse contexto, a universalização do acesso à esfera pública (direitos formais iguais para todos) acontece juntamente com a dominação social. O liberalismo considera igualdade e democracia conceitos restritos a arranjos jurídicos, especialmente à isonomia legal e à competição pelos cargos de poder. Offe (1984) afirma que as instituições têm uma seletividade própria, que atende aos interesses do processo de valorização do capital, o qual, por sua vez, se liga à dependência estrutural dos Estados capitalistas em relação à acumulação privada. Logo, as instituições determinam critérios de ingresso e progresso que afastam ou minimizam o risco de presenças potencialmente disruptivas. Na política, podemos dar o exemplo do voto, que deslegitimou outras formas, mais ofensivas e mais coletivas – muitas vezes mais eficazes –, de manifestação popular, uma vez que a expressão eleitoral passou a vigorar como o ápice da soberania coletiva.

— 3.2 —
Elitismo

Os escritos políticos de **Charles Wright Mills** (1916-1962) sobre o papel do Estado inserem-se na corrente anglo-saxã das ciências sociais influenciada pelo marxismo e pelo weberianismo. Sua obra A *elite do poder* (Mills, 1987) representa uma tradição filosófica estadunidense preocupada menos com a reflexão teórico-conceitual do que com o acúmulo de uma grande quantidade de informações para demonstrar suas proposições. Mills sugere o porquê de a "elite estatal" defender, invariavelmente, os interesses da classe economicamente dominante. Para isso, recorre aos conceitos e ao instrumental teórico da **teoria das elites**, de modo a demonstrar suas proposições sobre o Estado moderno capitalista. Entre os pressupostos do funcionamento do Estado, Mills (1987) indica:

- Quem controla certas posições institucionais exerce o poder (método posicional).
- As posições estratégicas institucionais da sociedade devem ser identificadas.
- Os ocupantes dos cargos formam a elite política e são pessoas com reputação (socialmente reconhecidas).
- As características da elite política devem ser identificadas (perfil).

Após testar esses pressupostos na sociedade estadunidense na década de 1960, Mills (1987) concluiu que as elites estatais que administram o Estado defendem os interesses da classe economicamente dominante porque suas ações são imbuídas de valores semelhantes aos dela.

Esse estudo de Mills serve como referência para análises que hoje procuram identificar os mecanismos sociais e políticos responsáveis pela formação, pelo recrutamento, pela socialização e pela conduta das minorias. Nomes como David Riesman (1909-2002), Floyd Hunter (1912-1992), Giovanni Sartori (1924-2017), Harold Lasswell (1902-1978), James Burnham (1905-1987), Maurice Duverger (1917-2014), Morton Baratz (1924-1988), Peter Bachrach (1918-), Ralph Miliband (1924-1994), Raymond Aron (1905-1983), Robert Dahl (1915-2014), Seymour Martin Lipset (1922-2006), Thomas Bottomore (1920-1992) e William Kornhauser (1925-) produziram estudos dedicados a compreender como se formam e como são recrutadas as minorias organizadas que dominam uma dada comunidade.

Nesse sentido, algumas importantes questões podem ser formuladas:

- Quais recursos (sociais, econômicos, políticos, simbólicos) eram importantes, no passado, para aceder posições de elite e quais são importantes no presente?
- Como – e em que ritmo – mudanças na estrutura socioeconômica são refletidas na estrutura de elite?
- Os caminhos percorridos, isto é, as "avenidas" de acesso às posições de elite, mudaram?

- A estrutura do grupo modificou-se ao longo do tempo, ou seja, passou (ou não) por um processo de democratização, de popularização etc.?

As teorias das elites pressupõem que há uma relação entre a formação das elites e as decisões tomadas por elas. Já os pesquisadores que se utilizam dos aportes teóricos do marxismo se preocupam em saber quais relações sociais são reproduzidas pelo Estado.

Algumas proposições de **Pierre Bourdieu** (1930-2002) sobre os grupos socialmente dominantes sugerem o retorno da abordagem posicional das elites de Mills, mas sob nova roupagem terminológica. O conceito de capital, em vez de remeter ao poder, passa a significar a posse de uma quantidade determinada de recursos.

Bourdieu (1998, 2002) buscou compreender como cada agente desenvolve suas formas de percepção, pensamento e ação, por meio das quais realiza a apreensão do mundo, orienta suas condutas práticas no dia a dia e relaciona-se com os outros. Para o autor,

> as representações dos agentes variam segundo sua posição (e os interesses associados a ela) e segundo seu *habitus* como sistema de esquemas de percepção e apreciação, como estruturas cognitivas e avaliatórias que eles adquirem através da experiência durável de uma posição no mundo social. (Bourdieu, 1998, 158)

De acordo com Nogueira (2006), os dados que Bourdieu coletou em seus estudos sobre a massificação do ensino francês evidenciam o caráter autoritário e elitista do sistema educacional e o baixo retorno social e econômico proveniente dos certificados escolares no mercado de trabalho.

3.3
Corporativismo

O **corporativismo** como doutrina de organização política consiste em um reforço às formas do Estado constitucional, democrático e de direito, que se mostraram ineficientes na gestão da sociedade no século XX. O modo de organização corporativista oferece um arranjo da sociedade por meio de associações representativas classistas e profissionais para a defesa de seus respectivos interesses diante do Estado. O objetivo do corporativismo é canalizar, por meio das corporações, os conflitos sociais e políticos que decorrem da organização social e econômica.

A base teórica do corporativismo consiste na doutrina do **pluralismo**, que defende um modelo de sociedade composto por vários grupos (elites) ou centros de poder em conflito entre si, visando eliminar o centro de poder dominante (Estado). O pluralismo concebe a sociedade com base em uma estrutura social diversificada, plural, com multiplicidade de grupos/elites. Estes são organizados ativamente e têm uma independência baseada no controle dos recursos estratégicos (dinheiro, saber, força etc.).

As decisões derivam de um processo pluralista (política de grupos). Por exemplo, uma política pública é resultado do conflito entre grupos organizados, que têm igualdade na capacidade de se organizar para defender seus interesses.

O pluralismo tem uma relação direta com a democracia, ao permitir a proliferação de novos agregados de interesses para uma melhor qualidade de vida (Schmitter, 1997). Portanto, opõe-se à concentração e à unificação de poder e considera que a divisão deste deve ser **horizontal** (não vertical, como na teoria da separação dos poderes). Quando o pluralismo está presente na organização de um Estado, não existe uma fonte única de autoridade (soberano). Para Schmitter (Cansino, 1997), o pluralismo é uma organização do Estado em que prevalece a tolerância diante das diferenças sociais; nas democracias, corresponde à proliferação de diversos grupos que passam a defender novas demandas sociais, como as ecológicas, as ambientais, as de gênero etc.

O corporativismo atrelado à proposta pluralista de organização da sociedade resulta, no plano econômico, na colaboração entre classes ou categorias profissionais (capital e trabalhadores), neutralizando os conflitos entre elas. No plano político, a representação das classes ou categorias profissionais pelas corporações apresenta-se como uma alternativa ao modelo representativo democrático. Para Schmitter (Cansino, 1997), o corporativismo foi uma resposta a um período particular do desenvolvimento capitalista: a existência de economias nacionais relativamente autônomas por meio das decisões de classes (experiência europeia).

Essa experiência resultou em dois tipos de corporativismo:

- **corporativismo tradicional ou contrarrevolucionário**: protesto contra a empresa capitalista, contestação absoluta ao sistema liberal capitalista. A igualdade e o individualismo isolaram o indivíduo e expuseram-no ao abuso dos poderosos. Com o corporativismo, pode-se alcançar uma sociedade hierárquica e sem conflitos. Essa linha sugere um sistema pluralista e com o poder difuso entre as corporações. Trata-se de uma proposta para afrontar o poder do Estado.
- **corporativismo dirigista ou tecnocrático**: ideologia da classe dirigente, que enxerga a necessidade de controlar a marcha do desenvolvimento industrial e econômico (objetivo geral). É uma resposta autoritária à crise do Estado liberal. As corporações estão subordinadas ao Estado.

— 3.3.1 —
Neocorporativismo

Atualmente, opera-se um movimento a favor do **neocorporativismo**, que se coloca como um instrumento para analisar as mudanças ocorridas nas relações entre Estado e organizações representativas nos contextos dos Estados liberais. É uma reação contra o corporativismo dirigista e contra o individualismo produzido pelo modelo estatal liberal. No neocorporativismo, a organização representativa aceita ou não suas relações com o Estado.

Para Schmitter (1985), a literatura sobre o neocorporativismo contribui para que se compreenda o papel do Estado na sociedade capitalista, além de apresentar as maneiras possíveis de a estrutura e a ação das autoridades estatais influenciarem a identificação e a organização de interesses. Para o autor, no neocorporativismo questionam-se:

- alguns pressupostos da teoria do Estado, a capacidade de unidade de ação do Estado, a soberania e o espírito nacionalista (o Estado encarna o bem comum);
- a normatização imposta pelo Estado (tributação, controle sobre comportamentos, controle de informações, distribuição de bens e serviços), de modo a evidenciar a **autonomia relativa** do Estado. Todavia, essa autonomia permite ao Estado, no neocorporativismo, desenhar seus instrumentos de intervenção e de interação com os grupos sociais e de interesse (Schmitter, 1985).

Logo, o neocorporativismo é uma forma de intermediação dos interesses entre a sociedade civil e o Estado. Trata-se de um instrumento de formulações políticas. Para Schmitter (1985), cada representante (associações, sindicatos, federações etc.) passa a ter condições de levar adiante seus interesses e de contrapor-se àqueles que lhes são contrários. O Estado corresponde ao espaço para centralizar a organização e a negociação entre os diferentes grupos representativos – essa é a estrutura e a base de seus interesses institucionais.

Nesse contexto, o Estado não controla diretamente o desenvolvimento industrial e econômico (corporativismo dirigista ou tecnocrático), mas organiza as representações de interesse (âmbito político). A ênfase recai sobre o papel político dele (autonomia relativa):

- No âmbito político, observa-se a impossibilidade de se evitar os conflitos, e o neocorporativismo é a regulamentação destes para a criação do consenso (unidade de ação do Estado), levando-os regulamentados para a área política.
- O aumento das demandas dos grupos organizados (corporações) faz com que o Estado os inclua nos processos decisórios para conseguir seu apoio nas tomadas de decisão (atingir o bem comum).
- Há a intervenção do Estado no processo de acumulação, mas com a legitimação das organizações representativas (por meio de corporações).

Para Schmitter (1985), o neocorporativismo é um instrumento político que contribui para o alcance de resultados políticos e econômicos em conformidade com os interesses das organizações de classe/setoriais e do Estado, na condição de instituição social. Serve como uma ação para influenciar a política e para obter uma participação crescente da sociedade no estabelecimento dos benefícios proporcionados pela ordem existente.

— 3.3.2 —
Pluralismo jurídico

A influência dos aportes teóricos das doutrinas corporativista e neocorporativista sobre o pensamento jurídico levou vários estudiosos a contestar a existência única do ordenamento jurídico estatal (Wolkmer, 2007; Hespanha, 2013). Segundo Reale (2000), para os defensores do pluralismo jurídico, além do direito do Estado, existem vários ordenamentos com juridicidade positiva.

No plano jurídico, podemos distribuir o pluralismo em duas vertentes. A primeira considera uma **reação contra o Estado**, o qual atua como uma máquina de editar leis (fazer direito), e **contra o Estado de direito** (proteção das liberdades individuais), um repúdio ao conceito clássico de soberania e ao poder estatal:

- **pluralismo sindicalista**: os sindicatos são sujeitos da soberania econômica e, tanto quanto o Estado, têm o poder de editar normas jurídicas obrigatórias;
- **pluralismo corporativista puro**: visa organizar o Estado como uma federação de corporações soberanas de modo que os serviços públicos sejam descentralizados.

Já a segunda linha conserva o **Estado como uma soberania superior** relativamente às outras soberanias, posição adotada por alguns estudiosos, como:

- Otto von Gierke (1841-1921): para ele, o Estado não é a fonte exclusiva de normas jurídicas e não existe diferença qualitativa entre as normas editadas por este e as reveladas pelas outras corporações;
- Léon Duguit (1859-1928): para ele, o Estado é uma corporação cuja função consiste em coordenar as atividades conforme as exigências da solidariedade social. Não é uma soberania. Trata-se de uma corporação de serviços públicos organizados e controlados pelos governantes, cujo poder se torna cada vez mais limitado pelo sistema corporativo de representação dos interesses.

De acordo com Wolkmer (2008), o pluralismo jurídico propõe uma ética jurídica que se aproxime dos diferentes grupos sociais e das distintas realidades em que estão envoltos. Isso proporcionaria um melhor atendimento às necessidades desses grupos e proveria uma estrutura jurídica normativa diferenciada e condizente com a realidade. Teóricos do campo jurídico, como Jesús de la Torre Rangel, Oscar Correas Rangel, Germam Palacio, Carlos Cárcova, Luiz Fernando Coelho, Luís Alberto Warat, Antônio Carlos Wolkmer e Manuel Antônio Hespanha, adotam os pressupostos dessa doutrina. *Grosso modo*, a convergência teórica entre esses estudiosos é o fato de reconhecerem a existência de outras ordens jurídicas no direito, diversas daquela criada pelo Estado.

Merece destaque a observação de Carvalho (2013) sobre o pluralismo jurídico. Para esse autor, tal doutrina permite compreender a existência de um direito que reflete outras práticas sociais, ao mesmo tempo que mostra que o Estado não detém o monopólio da produção normativa.

— 3.4 —
Biopolítica

Por meio das ciências sociais, é possível construir um ramo do conhecimento jurídico para analisar os aspectos sociais e políticos que circundam a aplicação da norma e a organização do sistema judicial. Nesse sentido, surgiram duas linhas de pesquisa:

- as ciências sociais como meio para redefinir as diversas teorias do direito segundo uma crítica dogmática;
- as ciências sociais como meio de conhecer social e historicamente o funcionamento do sistema judicial.

Quanto ao funcionamento do sistema judicial, **Michel Foucault** (1926-1984) é uma das referências na área. O especialista aborda as seguintes linhas:

- **teoria crítica**: uma crítica científica aos pressupostos das ciências humanas sobre a dominação social, aspecto basilar da sociedade moderna;
- **sociologia crítica**: conhecimento teórico autorreflexivo que busca reduzir o aprisionamento a sistemas de dependência, ou seja, deseja promover autonomia e diminuir a dominação.

Foucault pertence à sociologia contemporânea (Pós-Primeira Guerra Mundial), a qual visa identificar, entre diversos aspectos, os diferentes papéis assumidos pelo direito. Para o autor, no início da modernidade, a construção do conceito de soberania esteve ligada a uma defesa da igualdade como um fato natural (direitos naturais) e ao rompimento com o pensamento cristão, à medida que se concebeu a sociedade política como produto da razão humana, e não da razão divina (Foucault, 2005).

Foucault argumenta que a teoria contratualista de Hobbes é a base desse conceito de soberania. O quadro descrito por Hobbes é o de uma guerra contínua, não somente antes do nascimento do Estado, mas também após. A guerra colocou-se como a matriz da verdade de um discurso filosófico-jurídico que faz apologia a uma dimensão unitária do poder (soberano/autoridade). Portanto, nessa perspectiva, para a manutenção e a ordenação social do homem, é preciso um poder unitário, uma autoridade.

Por outro lado, o discurso histórico-político não se assenta em uma visão unitária do poder (no vértice), porém busca explicações para legitimar o poder político conforme a base horizontal da sociedade. O pensamento político de **Maquiavel** é um dos precursores desse discurso, ao procurar compreender a política por meio de uma análise sobre a verdade efetiva dos fatos em detrimento de argumentos especulativos (conforme o próprio Maquiavel (1998) assevera no Capítulo XV da sua obra clássica O *príncipe*, de 1513). Para ele, uma sociedade política advém não da soberania, mas do sistema de conflito entre governantes e governados. O conflito não significa o início da desordem, senão o princípio da ordem. A melhor sociedade depende do nível de cooperação entre os homens para o conter.

A propósito dessa questão, vale destacarmos os apontamentos feitos por **Hannah Arendt** (1906-1975) de que o contratualismo se sustenta na criação jurídica do poder do soberano com base no consenso estabelecido entre os homens, alienando seu poder para o poder soberano. Assim, o soberano instrumentaliza-o pelo uso legítimo e assegura aos homens o direito à vida (Arendt, 2007a).

Desse modo, ocorre a naturalização do poder. De acordo com Arendt (2007a), no discurso filosófico-jurídico, a garantia da vida significa o acesso à proteção do poder soberano e aos bens materiais necessários para sobrevivência (propriedades e posses). A autora assevera que o indivíduo privado só pode conservar sua vida e seus negócios se houver um poder soberano para cuidar dos assuntos comuns a todos.

Para Arendt (2007a), o homem moderno caracteriza-se, em sua vida privada (primeira vida ou primária), como um indivíduo que trabalha, produz e consome; a vida coletiva (segunda vida, a secundária, que é garantida pelo contrato/sociedade política) garante a manutenção da vida privada. O diagnóstico da autora indica que, democrática ou totalitária, a sociedade reproduz a lógica do consumo e a política apresenta-se como um instrumento de gestão e administração dos interesses privados pertencentes à vida primária, justificando a existência do Estado.

Outro aspecto importante da análise de Arendt (2007b) é o **poder potência**. Para a autora, a legitimidade do comando do soberano não está na transferência mútua do poder natural dos homens para ele, como defende o discurso filosófico-jurídico, e sim nas ações compartilhadas entre os indivíduos. O poder potência está presente no que a autora descreve como autoridade. Arendt, ao questionar o que de fato esta é ou representa no mundo moderno, conclui que ela está em crise na contemporaneidade. Para ser atuante e presente, a autoridade, ou poder potência, exclui o uso de recursos coercitivos, violentos ou persuasivos para obter a submissão de quem obedece. Esses instrumentos são utilizados somente em momentos de crise do poder potência ou da autoridade. Conforme pontua Arendt (2007b, p. 129): "A relação autoritária entre o que manda e o que obedece não se assenta nem na razão comum nem no poder do que manda; o que eles possuem em comum é a própria hierarquia, cujo direito e legitimidade ambos reconhecem e na qual ambos têm seu lugar estável predeterminado".

Quando a ação conjunta dos homens deixa de existir, sai de cena o poder potência (não aplicado e que está nas mãos do soberano) e entra o **poder violência** instrumentalizado por meio da lei e das armas.

Feitos esses parênteses para conhecer um pouco dos aportes teóricos de Arendt sobre o discurso filosófico-político, vamos retornar, agora, a Foucault. O diagnóstico do poder potencial/ autoridade de Arendt está em Foucault. A análise do poder tem como ponto de partida uma crítica à teoria clássica da soberania (discurso filosófico-jurídico). No início da modernidade, a vida era garantida pelo soberano, que, para possibilitar a coesão social necessária, recebia, pelo contrato, a legitimidade dos homens.

Segundo Foucault (2005), é importante analisar como o discurso filosófico-jurídico (direito) é usado pelas relações de poder para produzir discursos de verdade. Contrário ao discurso filosófico-jurídico, que se vale da teoria do contrato para indicar um estado de guerra como justificativa para a institucionalização do poder/autoridade/Estado (teoria jurídico-filosófica da soberania), Foucault sugere, como Arendt, que a ordem social e política só pode ser compreendida por meio das ações compartilhadas entre os homens (relações de dominação na base).

Além disso, Foucault (2005) argumenta que a teoria jurídico-filosófica da soberania abrange o problema do uso do poder pela monarquia e pelo monarca em quatro momentos, que, em conjunto, mostram como esse poder soberano é exercido sobre a sociedade dos níveis mais elevados até os mais baixos:

1. mecanismo de poder efetivo (primeiro nível);
2. justificativa para fortalecer e, posteriormente, limitar o poder régio (segundo nível);
3. instrumento de luta política e teórica (Rousseau, Locke, Hobbes) (terceiro nível);
4. apologia ao governo parlamentar representativo (quarto nível).

Para Foucault (2005, p. 31), o pensamento jurídico-filosófico fundamentou-se no poder do rei:

> O papel essencial da teoria do direito, desde a Idade Média, é o de fixar a legitimidade do poder: o problema maior, central, em torno do qual se organiza toda a teoria do direito e o problema da soberania. Dizer que o problema da soberania é o problema central do direito nas sociedades ocidentais significa que o discurso e a técnica do direito tiveram essencialmente como função dissolver, no interior do poder, o fato da dominação, para fazer que aparecessem no lugar dessa dominação, que se queria reduzir ou mascarar, duas coisas: de um lado, os direitos legítimos da soberania, do outro, a obrigação legal da obediência.

Em um primeiro momento, o pensamento jurídico-filosófico legitimou um poder monárquico, autoritário e administrativo. Como verificamos anteriormente, na teoria contratualista de Hobbes, o Estado (soberania) surgiu para trazer segurança ao homem, que não desfrutava dela no estado de natureza. Nessa perspectiva, a proteção da vida é um bem absoluto e necessário, e isso justificaria toda e qualquer prática protetiva para garantir a segurança. Posteriormente, esse mesmo discurso propôs, por meio da luta política e da apologia ao governo parlamentar, presente em Locke e Rousseau, os limites ao poder régio.

— 3.4.1 —
Biopolítica e direito

Foucault (2005), ao recuperar os argumentos críticos de Arendt acerca do discurso jurídico-filosófico, pretende alegar que a proteção da vida é uma construção histórica associada a determinadas práticas/discursos. Isso quer dizer, por exemplo, que as leis de proteção à vida, à infância e à adolescência se ampliam a cada momento, de acordo com as necessidades e as transformações sociais. Esse conjunto de leis está circundado por discursos que, ao defenderem a proteção da vida, também a regulam.

O autor alerta que, além do aumento da presença da lei na regulação das relações sociais, ainda amplia-se a crença social em sua importância. Para ele, é preciso questionar se é necessária a judicialização como solução para todo e qualquer conflito social, de um modo que leva a lógica do tribunal para todos os âmbitos da vida em sociedade (Foucault, 2005).

Além disso, de acordo com Foucault (2002), a formalização da lei para sua promulgação, organização e constituição favorece a intervenção judiciária. No século XXI, afirma-se uma tradição jurídica legalista forte, que faz com que a lei tenha um grande poder na organização da sociedade. Em consequência, surge a **biopolítica**, termo cunhado por Foucault (2008) para referir-se ao processo de gestão dos perigos sociais e a promoção da saúde dos seres vivos de uma população. Nesse sentido, a proteção corresponde a um *modus operandi* do governo biopolítico para exercer o controle sobre os seres vivos pelo uso de instrumentos que garantem a segurança e a previsão contra a anormalidade social. Trata-se de uma prática de governo biopolítico que controla as famílias pelos dispositivos da segurança e da prevenção.

Para ilustrar esse argumento, podemos recorrer aos apontamentos feitos por Nascimento (2014) sobre as famílias atendidas pela chamada *rede de proteção à infância e à adolescência*. Amiúde essas famílias são policiadas, vigiadas, ameaçadas, denunciadas e julgadas de maneira insistente por pessoas próximas. A denúncia torna-se uma prática de produção de verdade que se apoia na defesa da lei. Segundo a autora, a denúncia anônima define-se como uma ação orientada pela crença de que a lei garantirá, como uma verdade, a minha proteção, a proteção coletiva e/ou a proteção de alguém que julgo estar em perigo.

Nascimento (2014) ainda frisa que, em consequência disso, a mobilização do Judiciário e as políticas de judicialização tornam-se recorrentes, sendo um reflexo das redes de vigilância que monitoram o outro por enxergá-lo como um perigo destoante da normalidade da vida social. Nas palavras da autora:

> O ato de denunciar o outro às autoridades competentes, aos profissionais especializados, ao judiciário, na maioria das vezes de modo anônimo, ajusta-se com precisão ao jogo da judicialização, porque é visto como uma prática de defesa da lei, uma prática que sustenta uma moral de retidão, de justiça. (Nascimento, 2014, p. 462)

No contexto da biopolítica, a lei funciona, cada vez mais, no sentido de programar um comportamento esperado de acordo com os padrões de normalidade impostos pelo governo biopolítico.

No livro *Em defesa da sociedade*, Foucault (2005) assevera que esse processo se concentra em quatro pontos:

1. Na defesa da sociedade, atuam funcionalmente a polícia, os procuradores, os magistrados, os instrutores e os juízes. A função punitiva, baseada em uma norma comum ditada por uma lei, conduz as práticas desses profissionais, teoricamente pautadas em uma verdade que, pretensamente, se aplica igualmente para todos.
2. Os perigos futuros/por vir são o objeto principal da defesa da sociedade.
3. A questão social a se resolver passa a ser: como fazer a proteção? A solução irremediável é buscar os autores da infração e também aplicar a estratégia do contorno, que é eficiente em impor o medo e a intimidação sobre o segmento da população potencialmente perigoso.
4. A proteção dos perigos futuros é para resguardar o Estado, já que este protege a sociedade.

Nessa perspectiva de uma sociedade controlada pela biopolítica, o clamor por leis mais duras e corretivas torna-se justificável para evitar condutas consideradas danosas para a sociedade, pois a legislação tem uma função pedagógica de inibir e, se necessário, alterar dado comportamento social julgado como perigoso:

> As práticas judiciárias [...] [são] a maneira pela qual, entre os homens, se arbitram os danos e as responsabilidades, o modo pelo qual, na história do Ocidente, se concebeu e se definiu a maneira como os homens podiam ser julgados em função dos erros que haviam cometido, a maneira como se impôs a determinados indivíduos a reparação de algumas de suas ações e a punição de outras, todas essas regras ou, se quiserem, todas essas práticas regulares, é claro, mas também modificadas sem cessar através da história (Foucault, 2002, p. 11)

Portanto, as leis tendem a criar uma incapacidade de convivência por outras vias que não a jurídica. Passa-se a delegar à lei e a seus procedimentos jurídicos a tarefa de resolver todos os conflitos sociais. Esvazia-se, assim, o uso de canais alternativos de sociabilidade e de comunicação.

As contribuições de Foucault auxiliam-nos na análise do papel do direito na organização social e foram recuperadas nos escritos de **Robert Castel** (1933-2013) (1987, 2005), os quais possibilitam a reflexão sobre as consequências da proteção como um projeto de segurança que se opera pela judicialização. Além de Castel, vale destacar que o fenômeno da judicialização verificado na atualidade é também abordado, com base nos pressupostos teóricos da sociedade de risco, por **Ulrich Beck** (1944-2015) (2011).

Para finalizarmos este capítulo – que trouxe algumas das teorias críticas sobre o Estado e o direito que repercutem na ciência política e no próprio direito –, é oportuno resgatarmos as observações realizadas por Warat (1983). Para ele, nas teorias críticas no direito, as pesquisas tendem a ter como proposta a identificação dos mecanismos discursivos existentes na cultura que levam o discurso jurídico e a prática jurídica ao topo da veneração social.

Capítulo 4

*Tendências de governo
no Estado moderno*

Podemos definir regime político como "o conjunto das instituições que regulam a luta pelo poder e o seu exercício, bem como a prática dos valores que animam tais instituições" (Levi, 1986, p. 1081).

As instituições formam a estrutura orgânica do poder político, que escolhe a classe dirigente e distribui os papéis para os indivíduos. Também se constituem como as normas e os procedimentos que possibilitam a repetição de determinados comportamentos, de modo a controlar o desenvolvimento regular e ordenado da luta pelo poder, do seu exercício e das atividades sociais vinculadas a ele.

A seguir, vamos refletir sobre o regime político democrático como uma das tendências dos governos atuais. Veremos também as definições e os desafios desse regime político.

— 4.1 —
Regimes políticos

A estrutura do regime político condiciona o modo de formação da vontade política e o uso de determinados tipos de instituição. Portanto, implica, primeiramente, a escolha de certos valores, a limitação da liberdade de ação do governo e a definição de uma política fundamental. Inicialmente, a tipologia dos regimes políticos era de caráter fundamentalmente sociológico e, nessa perspectiva, contribuiu, em grande medida, para a elaboração de um critério adequado de diferenciação entre os regimes.

Por exemplo, a tipologia estabelecida por Aristóteles (1985), no livro *Política*, consiste em dois critérios para diferenciar os tipos e as naturezas de governo. O **critério numérico** define quem governa (um, poucos ou muitos) e o **critério qualitativo** mostra como o governante governa (em prol do interesse pessoal ou coletivo).

Ao ler atentamente as observações do filósofo grego, podemos concluir que o regime político de governo mais adequado é caracterizado pelo "como se governa". O regime é aceitável desde que seja justo, e assim será se for regido pelo atendimento ao bem comum ou coletivo. No pensamento de Aristóteles, esse governo é a política. Em suma, em vez de atender aos interesses dos próprios governantes, o que o tornaria um governo corrupto, o bom governo é aquele que almeja o bem efetivo de todos ao perseguir a justiça e o bem comum.

Por outro lado, o critério quantitativo revela que não se considerava que o governo está sempre nas mãos de poucos, ou seja, de uma oligarquia ou elite, como formula a teoria das elites – abordada no Capítulo 3 –, que se mostra eficiente nos dias atuais para explicar a composição dos regimes políticos segundo as oligarquias, como asseveram Bobbio, Matteucci e Pasquino (2004).

No século XVII, Montesquieu (1996) escreveu O *espírito das leis*, publicado em 1748, em que associou a existência de diversos regimes políticos a sua base social. Isto é, por meio do estudo das condições em que se desenvolve a vida política em determinada sociedade, é possível construir uma tipologia dos regimes políticos. Consideram-se, portanto, os fatores que interferem de maneira fundamental e decisiva na estrutura desses regimes, influenciando seu funcionamento. No entanto, essa análise da estrutura não permite explicar, de forma cabal, o processo político.

O critério mais adequado para diferenciar as características fundamentais dos regimes políticos e indicar seus valores está exatamente na forma como se desenrola o processo político ou a luta política, ou seja, nos vários modos de conquista e manutenção do poder, que dependem de condições sociais e políticas. Logo, as alterações nas formas de regime político derivam das transformações na formação interna e externa da luta política. Veremos que, quando se trata de luta política, é recorrente considerar duas categorias de regimes políticos: democrática e não democrática.

Outras classificações, mais frequentes nos pensamentos jurídico e político, são as adotadas por Hans Kelsen (1881-1973) e Norberto Bobbio (1909-2004). Ambos também consideram somente duas formas possíveis de regime político na atualidade: democracias e não democracias, ou governos autocráticos. Porém, a ênfase, nesse caso, não está em como se desenvolve a luta política pelo poder, mas em como se elabora e se aplica a lei. Bobbio (1986) estipula a aplicação da lei como critério para diferenciar as democracias das não democracias. Assim, nas democracias, é natural a aplicação das leis. Já Kelsen (2000, 2005) utiliza outro critério para essa distinção: a ordem jurídica

(Constituição). Nas democracias, de acordo com essa perspectiva, a sociedade participa do processo de elaboração das leis, de modo direto ou indireto.

— 4.1.1 —
Democracia: problemas de definição

Para Lessa (2003), refletir sobre a democracia exige que o analista a conceba como uma configuração histórica e como um regime político com a função de conceder a boa vida aos seres humanos. Trata-se de uma fórmula política que obteve sua configuração histórica no século XX e que decanta três pressupostos básicos:

1. O governo é *demos* e, portanto, exige a deliberação conforme os limites da representação.
2. Os seres humanos têm direitos inalienáveis que não devem ser afetados pela maioria.
3. A democracia requer mais mecanismos redistributivos e de inclusão social.

Para o autor, entre os desafios enfrentados pelo regime político democrático, temos:

- Combinar isonomia (igualdade de direitos) com desigualdade (imperativo do mercado).
- Combinar visibilidade (transparência) e segredo (domínios de decisão não públicos).

Conforme Santos (2002), o regime político democrático caracteriza-se por um procedimento eleitoral, pelo atendimento às demandas sociais e pela representação política.

Figura 4.1 – Três características da democracia

1. A forma da democracia
- Um procedimento eleitoral para escolha de governos/elites.

2. O papel da democracia
- Grande quantidade de *inputs* e *outputs* e complexidade da administração.
- Consolidação da burocracia.

3. Representação política: única solução
- Representantes autorizados a apresentarem as opiniões.

Ainda de acordo com Santos (2002), o entendimento hegemônico que prevaleceu no século XX sobre o regime político democrático consistia na concepção da democracia limitada ou procedimental.

A **democracia limitada ou procedimental** é a competição entre os representantes pelo voto do cidadão. Para Przeworski (1994), nesse jogo pela conquista do voto popular é importante que os vencedores e os perdedores, como personagens dos processos eleitorais, aceitem as regras democráticas. Esse autor assevera que essa adesão se deve à democracia e consiste em um procedimento que possibilita prever o que acontecerá, de acordo com a estrutura institucional, os recursos a serem mobilizados e uma certa previsibilidade dos resultados. Segundo Przeworski (1994), isso é que faz o sistema democrático preferível a qualquer outro sistema alternativo.

Para os defensores da democracia limitada ou procedimental, a apatia política é uma realidade nos regimes políticos democráticos. Contudo, a aversão política não é perniciosa para estes, porque as competições eleitorais democráticas exigem um comportamento político periférico, com indivíduos apáticos politicamente que devem ser mobilizados a participar pelas instituições e pelas lideranças políticas. A alegação dos teóricos da democracia procedimental é que, se houver uma participação política popular em massa nos processos decisórios democráticos, estes podem sofrer danos, porque nem todos estão aptos para opinarem sobre os assuntos pautados.

Entre os defensores desse tipo de democracia, merecem destaque Anthony Downs (1930-), Giovanni Sartori (1924-2017), Joseph Schumpeter (1883-1950), Robert Dahl (1915-2014) e Seymour Lipset (1922-2006). Abordaremos as ideias de alguns deles e de outros teóricos a seguir.

Para Lipset (2012), a característica principal dessa vertente é o fato de que o povo, passivo, não participa diretamente do governo, mas escolhe um grupo de representantes que disputaram seu voto e que formam a elite política governante.

Segundo Schumpeter (1961), a democracia consiste em uma teoria da liderança competitiva ou do procedimento democrático. Teríamos, nessa perspectiva, uma minoria ativa em vez do povo no governo. Haveria a concorrência livre pelo voto do eleitor e a atividade política estaria restrita a profissionais. Como condições para o êxito desse método, o autor afirma que o material humano deve ser de qualidade entre aqueles que se dispõem à participação ativa na política. É necessária, portanto, a existência de políticos e administradores profissionais. O campo de decisões políticas não deve ser amplo, e sim limitado, de forma que não se aplique o método procedimental em todas as decisões governamentais. Por um lado, isso retém opositores irresponsáveis e, por outro, agiliza os processos decisórios.

Sartori (1994) repensa os elementos básicos do termo *democracia*, revisa as discussões das últimas décadas e reage contra a noção difundida de que não existe uma corrente dominante na teoria democrática. Ele acredita, ao revisar essa teoria, que se evitam as falsas armadilhas argumentativas, e muitas vezes não lógicas, proferidas pelas várias doutrinas democráticas. Para o autor, "o que o povo comum pensa reflete, em longo prazo, o que os pensadores pensaram antes" (Sartori, 1994, p. 29).

No debate contemporâneo, a democracia pode ser qualquer coisa? Para Sartori (1994), sim, por quatro motivos, que destrincharemos na sequência.

O primeiro motivo corresponde ao fato de que, a partir da década de 1940, já se afirmava que nenhuma doutrina se apresentava como antidemocrática e, desde então, *democracia* tornou-se uma palavra universalmente usada, resultando em armadilhas argumentativas.

Isso nos leva ao segundo motivo, que Sartori (1994) qualifica como **distorção terminológica e ideológica do termo**, a qual resultou no distanciamento progressivo dos elementos básicos da corrente teórica dominante da democracia. Para o autor, a razão principal desse enfraquecimento do termo foi, ou é, em grande medida, a degradação do vocabulário da política.

Nesse contexto, como podemos realizar uma "limpeza" do termo *democracia*? Sartori (1994) procura articular ideias e argumentos tidos, por ele, como corretos por meio da reconstrução que faz da corrente dominante liberal. Primeiramente, para pensarmos as instituições políticas democráticas, devemos observar o termo *democracia* de acordo com a tensão fato-valor, a fim de que a palavra mantenha os nossos ideais (como a democracia deve ser) apesar de sua imprecisão descritiva (como ela é). Para o autor, "O termo democracia não tem, portanto, apenas uma função descritiva ou denotativa, mas também uma função normativa e persuasiva" (Sartori, 1994, p. 24).

Democracia também deve ser uma palavra empregada sem a associação a adjetivos, comportando-se como um conceito político que sugere um método ou procedimento, o qual procede qualquer grande realização não política. Desse modo, Sartori (1994), com essa ideia, restaura as instituições políticas ou o regime político. A democracia política deve ser aceita com base em um sistema superior e global, que é indispensável para permitir qualquer outros tipos de democracia adjetivada, que se referem a estruturas identificáveis de viés não político, como democracia social, democracia econômica ou democracia industrial.

Como terceiro motivo, devemos compreender que a democracia política é o mais difícil empreendimento democrático, por ter a função de reduzir a vontade múltipla de milhões de pessoas dispersas a uma só autoridade. Consequentemente, não podemos exigir que uma sociedade democrática atue de forma precisa, como um grupo primário ou comunidades pequenas e integradas.

> Portanto, se ainda temos democracia num sentido político, não podemos esperar da desajeitada democracia política de larga escala o mesmo que podemos esperar das microdemocracias [...]. Por isso é extremamente duvidoso que nossas macrodemocracias políticas possam ser concebidas e entendidas de forma correta enquanto ampliação de um microprotótipo, de uma democracia primária. (Sartori, 1994, p. 33)

O quarto e último motivo, atrelado à "limpeza" do termo, segundo Sartori (1994), consiste em compreender a democracia como um projeto em que necessariamente estão envolvidos os fins.

Outro defensor da democracia procedimental ou liberal, Norberto Bobbio (1986), indica que as palavras-chave associadas a esse conceito são:

- **conjunto de regras**, ou seja, a regra da maioria;
- **procedimentos**, aqueles determinados pela maioria;
- **escolha**, o que pressupõe que os indivíduos estão em condições iguais para escolher e têm direitos fundamentais (direitos de liberdade, de opinião, de expressão, de reunião, de associação, entre outros).

Para Bobbio (2000), se procurarmos um ponto diferencial entre a doutrina clássica (**democracia direta**) da democracia e a democracia dos modernos, veremos que, por um lado, mantém-se o princípio segundo o qual é o povo que, em última instância, tem o direito de tomar decisões coletivas. Por outro lado, contudo, observaremos que, nas formulações modernas, o único procedimento que permite o governo popular em um grande Estado é a democracia representativa ou indireta.

A **democracia representativa ou indireta** é compreendida como a forma de governo em que o povo não toma as decisões, mas elege seus representantes, responsáveis por avaliar quais seriam os interesses da coletividade.

De acordo com Bobbio (2000), apesar de ser considerada uma das melhores formas de governo por liberais radicais e conservadores, a democracia representativa requer algumas limitações para evitar, por exemplo, a "tirania da maioria". Isso porque a democracia como uma forma de governo em que todos participam da coisa pública e a progressiva realização do ideal igualitário leva ao nivelamento da sociedade e tem como consequência o despotismo.

Como solução para a "tirania da maioria", Alexis de Tocqueville (1805-1859) propôs tanto o respeito às formas que garantam a igualdade perante o direito quanto a descentralização (Bobbio, 2000). Já Stuart Mill (1806-1873) indicava que, para a formação da maioria, devem participar das eleições as classes abastadas e as classes populares e que a passagem do sistema majoritário para o proporcional asseguraria uma representação adequada às minorias (Bobbio, 2000).

Naturalmente, a democracia moderna, para Bobbio, é compatível com o liberalismo desde que se tome o termo *democracia* em seu significado jurídico-institucional, e não no sentido ético. Assim, deve-se considerar que a democracia como procedimento promove o respeito às regras do jogo, no qual o poder político é efetivamente distribuído entre a maior parte dos cidadãos, de modo que ela não é concebida propriamente segundo um ideal democrático que inspira a igualdade.

Por fim, Dahl (1997, p. 25) designa o regime político democrático como *poliarquia*, que se caracteriza como um regime político que permite a contestação pública. Para o autor, é importante organizar um Estado de acordo com o regime político democrático, porque este permite:

- a existência das liberdades liberais clássicas;
- a ampliação do sufrágio de candidatos com características sociais semelhantes às camadas recém-incorporadas, os quais ganham novos cargos eletivos, tornando as instituições mais representativas;
- um sistema competitivo e inclusivo, em que há a busca do candidato pelo programa, pela política e pela ideologia, com apoio de grupos que começam a participar da vida política devido aos interesses representados;
- mudanças no próprio sistema partidário, com uma maior organização dos partidos políticos e uma maior burocratização;
- maior variedade de preferências e interesses passíveis de representação;
- baixo grau de coerção física por parte do governo, porque, quanto menores forem os obstáculos à contestação pública e à participação popular no sistema político, maior será a dificuldade encontrada pelo governo para aplicar políticas extremas.

— 4.1.2 —
Modelos de regime democrático

Dahl (1997) identifica os elementos que aumentam ou diminuem as possibilidades de contestação pública em um regime fortemente inclusivo. Nesse caso, o termo *democracia* representa a permanente resposta do governo às preferências de seus cidadãos, considerados politicamente como iguais. É necessário que, além de serem politicamente iguais, todas as pessoas tenham oportunidades plenas (Dahl, 1997) de:

- formular suas preferências;
- expressar suas preferências a seus concidadãos e ao governo por intermédio de ações individuais e coletivas;
- ter suas preferências igualmente considederadas como pertinentes na ação do governo.

Essas oportunidades devem ser protegidas por oito garantias fornecidas pelas instituições da sociedade (Dahl, 1997):

1. liberdade de formar e aderir a organizações;
2. liberdade de expressão;
3. direito de voto;
4. elegibilidade para cargos públicos;
5. direito de líderes políticos disputarem votos;
6. fontes alternativas de informação;
7. eleições livres e idôneas;
8. dependência das políticas governamentais de eleições e de outras manifestações de preferência.

As oportunidades plenas e suas garantias, por um lado, são **ideais-limite** que se colocam como um conjunto de condições que serve para verificar a amplitude da democracia existente. Vale assinalarmos que, para Dahl (1997), não há a plena realização desses ideais-limite, mas eles indicam que a democratização é formada pela contestação pública e pelo direito de participação. A articulação desses dois elementos democratizantes permite compor dois modelos (Dahl, 1997):

- Se um regime hegemônico se deslocar para uma maior contestação pública, há sua liberalização ou, talvez, uma maior competitividade. Se permitir maior participação, o regime caminha para uma maior popularização ou uma maior inclusividade.

- Uma hegemonia fechada pode ser inclusiva sem liberalizar, ou seja, amplia a participação sem aumentar as oportunidades de contestação pública. Os regimes substancialmente popularizados e liberalizados, com forte inclusividade e amplamente abertos à contestação pública, colocam-se como poliarquias/democracias.

A democratização, como processo de constituição das instituições democráticas, compreende diversas transformações históricas amplas. Entretanto, a análise de Dahl (1997) é restrita a regimes nacionais e a sistemas de contestação pública. Para o autor, quando regimes hegemônicos e oligarquias competitivas se deslocam na direção de uma poliarquia [democracia], eles aumentam as oportunidades de efetiva participação e contestação e, portanto, o número de indivíduos, grupos e interesses cujas preferências devem ser levadas em consideração nas decisões políticas. (Dahl, 1997, p. 36)

Lijphart (1989) analisa comparativamente dois modelos de democracia conforme as oito garantias formuladas por Dahl sobre a poliarquia/democracia. Sua análise é baseada nas instituições britânicas, suíças e belgas que formam a estrutura do poder político em seus respectivos países. O autor entende que esses modelos têm correspondência relativa ou aproximativa com o ideal dos regimes democráticos ou das poliarquias, porque concretizam, em grande medida, o direito às liberdades de participação e de contestação. A essência ou o ideal democrático do modelo majoritário é o predomínio da vontade da maioria. Isso pode ser constatado nos arranjos institucionais ou no funcionamento das instituições parlamentares e governamentais britânicas no período de 1945 a 1970. A partir de 1970, aconteceram algumas reformulações nos componentes do modelo majoritário, mas que, segundo Lijphart (1989), significaram sua readaptação a novas necessidades.

O modelo consensual estabelece-se em um contexto de sociedades pluralistas, nas quais a homogeneidade não é inerente e a regra majoritária levaria a uma "ditadura da maioria" (Lijphart, 1989, p. 42). Consequentemente, há a necessidade de que, nessas sociedades, se adote um regime voltado à promoção da democracia de consenso. Esse modelo tem como ideal democrático, de acordo com seus arranjos institucionais, possibilitar a maior participação. Assim, o modelo consensual pode ser caracterizado com uma democracia direta, porque

> Os oito elementos definitórios da democracia consensual têm como objetivo moderar a regra maioritária através da exigência ou do simples encorajamento dos seguintes pontos: partilha do poder entre a maioria e a minoria (grandes coligações); dispersão do poder (pelo executivo e o legislativo, duas câmaras legislativas e diversos partidos minoritários); justa distribuição do poder (representação proporcional); delegação do poder (a grupos organizados territorial, ou não territorialmente); e limite formal do poder (mediante o voto das minorias). (Lijphart, 1989, p. 51)

Apesar de o autor não explicar a relação causal entre a natureza da sociedade e o arranjo institucional – quem causa quem nessa relação –, podemos observar que os dois modelos de regime político democrático estão relacionados a determinados contextos ou estruturas sociais. Nesse sentido, Lijphart (1989) apresenta o modelo de democracia maioritária ou de Westminster como relacionado às sociedades homogêneas e referente aos interesses que as movimentam. Já o modelo consensual coloca-se como uma necessidade inerente às sociedades pluralistas.

A democracia estadunidense, analisada em comparação a esses dois modelos, mostra-se, para o autor, como um modelo maioritário-consensual – ou seja, é um terceiro modelo, com forma e práticas intermediárias aos outros dois.

— 4.1.3 —
Transição e consolidação democráticas

Segundo Linz e Stepan (1999), um regime político pode conceder a liberalização (mudanças sociais e diretrizes políticas) sem ser democrático. Assim, para o regime ser democrático, não basta somente a liberalização, é preciso que haja competição aberta pelo direito ao controle do governo por meio de eleições competitivas livres. Nessas condições, um regime político, para ser democrático, deve experimentar, portanto, a transição democrática completa:

> Uma transição democrática está completa quando um grau suficiente de acordo foi alcançado quanto aos procedimentos políticos visando obter um governo eleito; quando um governo chega ao poder como resultado direto do voto popular livre; quando esse governo tem, de fato, autoridade de gerar novas políticas; e quando os poderes Executivo, Legislativo e Judiciário, criados pela nova democracia, não têm que, *de jure*, dividir o poder com outros organismos. (Linz; Stepan, 1999, p. 21)

Essa definição operacional permite que se estabeleça ou se verifique até que ponto um determinado país conseguiu avançar para completar a transição para a democracia. Para que isso tenha êxito e se consolide, os autores prescrevem a necessidade de um Estado soberano, no qual exista a interação do governo com a nação, de modo que esta receba a cidadania ampla, igualitária e inclusiva.

O caminho da transição democrática até a consolidação não é igual para todos os países, já que os caminhos disponíveis dependem da configuração das comunidades políticas específicas. Em grande parte, essa variação tem sua explicação baseada no regime político que estava em vigor anteriormente. Por exemplo, em um país no qual vigorou um regime político autoritário ou não democrático, a democratização requer a construção da autonomia, da autoridade e da legitimidade das instituições democráticas.

Basicamente, a **democracia completa ou consolidada moderna** apresenta um Estado moderno e oferece as condições necessárias para o desenvolvimento de uma sociedade civil livre e ativa. Sua sociedade política é relativamente autônoma e valorizada. O Estado de direito assegura as garantias legais relativas à liberdade dos cidadãos e à vida associativa independente. Inclui-se também a presença atuante e forte da burocracia estatal e da sociedade econômica institucionalizada.

Uma hipótese de democracia não consolidada ou não institucionalizada está no conceito de **democracia delegativa** de O'Donnel (1991): um estágio democrático que tem como essência o isolamento do presidente com relação à maioria das instituições políticas e dos interesses organizados. Nesse caso, o presidente torna-se o único responsável pelos sucessos e pelos fracassos de suas políticas. A democracia delegativa é majoritária e pressupõe que os eleitores fazem suas escolhas individualmente e independentemente de suas identidades.

O argumento desse autor sugere o seguinte: a primeira transição democrática é de um regime autoritário para o democrático. Para determinar o resultado da segunda transição, o elemento central é o sucesso ou o fracasso na construção de um conjunto de instituições democráticas que se coloquem no fluxo do poder político como importantes pontos decisórios (O'Donnel, 1991). Portanto, essa segunda transição seria de um governo democrático eleito para um regime político democrático institucionalizado ou consolidado.

Nesse breve panorama, as teorias de Dahl (1997) e de Lijphart (1989) colocam-se como complementares, pois foi por meio das garantias que o primeiro definiu os regimes democráticos e que o segundo analisou e descreveu comparativamente os regimes políticos.

A retomada e a consolidação da democracia estão presentes nas abordagens de Linz e Stepan (1999) e de O'Donnel (1991) e referem-se, mais especificamente, às experiências democráticas presentes na América do Sul que adotam como pano de fundo a teoria de Dahl. Os autores concluem que os regimes políticos sul-americanos ditos democráticos, após deixarem de ser regimes autoritários, passaram por um momento de transição democrática até sua consolidação. Em suma, podemos dizer que essas abordagens analisam algo importante: a transição e a consolidação da democracia em países que deixaram regimes autoritários para se tornarem democráticos.

— 4.1.4 —
Democracia constitucional e representativa e seus desafios

A compreensão do regime político democrático conforme a vertente procedimental ou liberal sofreu algumas críticas no decorrer do século XX. Costa (2012) alerta que, por causa da democracia procedimental representativa, os movimentos fascista e nazista subiram ao poder na Itália e na Alemanha entre 1920 e 1930. Pela via eleitoral, tiveram apoio da sociedade para a defesa de uma política eugênica.

Na visão de Costa (2012), a revisão da democracia procedimental passou a enfatizar uma nova concepção de democracia, não mais restrita à defesa dos direitos políticos (século XIX), mas também voltada à garantia de uma multiplicidade de outros direitos conquistados durante o século XX (políticos, civis, econômicos e sociais). O marco histórico desse momento é a Declaração

Universal dos Direitos Humanos, da Organização das Nações Unidas (ONU, 1948), que reconhece inúmeros direitos fundamentais do homem independentemente da intervenção do Estado. Esses direitos passaram a ser garantidos constitucionalmente, e a democracia recebeu outra denominação: *democracia constitucional*. Para Costa (2012), essa nova concepção de democracia é constitucional porque:

- garante a defesa dos direitos humanos fundamentais;
- alarga o direito fundamental da igualdade não a restringindo a especificidades socioculturais, como raça, etnia, religião, gênero etc.;
- constitui-se em uma sociedade pluralista, em que os grupos se colocam como sujeitos políticos relevantes na representação e na defesa dos interesses sociais;
- nela, os partidos políticos atuam como instrumentos de representação imprescindíveis para a participação política;
- a proteção dos direitos fundamentais não é uma benesse da vontade do Estado, mas decorre do tipo de organização adotado pela sociedade democrática.

Apesar desse avanço, outros impasses surgiram devido à crise da democracia constitucional a partir da década de 1980. Essa crise foi, em parte, motivada por fatores como:

- o avanço do projeto neoliberal (Estado mínimo) adotado em vários países, o que contribuiu para a diluição e a extinção do Estado de bem-estar social e de sua política de intervenção social e de criação de políticas sociais e redistributivas;

- a fragilidade dos partidos políticos como instrumentos de representação e mobilização eleitoral;
- a perda da autonomia do indivíduo sobre o processo de decisão devido ao desenvolvimento da sociedade da informação.

Entre os novos impasses ou desafios a serem superados pela democracia constitucional, merecem destaque algumas questões. Uma delas refere-se aos modos de ampliar os direitos políticos para a defesa dos direitos sociais. Na democracia representativa, o juiz exerce uma atividade *lato sensu* política (Costa, 2012), porém não é eletivo (legitimação democrática). Além disso, o Judiciário passa a legislar no lugar do Legislativo, apresentando-se como um poder concorrente da classe política.

Outra questão sobre os desafios da democracia constitucional se encontra na obra de John Rawls (1921-2002), que procura fugir do debate liberal sobre a natureza do poder, a origem e a legitimidade do Estado e da lei, a fim de se atentar à questão de como realizar efetivamente os ideais de liberdade e de igualdade da democracia constitucional. Rawls (1992) propõe fundamentar a organização de uma sociedade justa no ideal de autonomia plena dos indivíduos.

Como pessoas livres e iguais podem viver juntas em uma associação política? A resposta está na revisão de conceitos clássicos, como institucionalização dos direitos, democracia, indivíduo, comunidade, liberdade, igualdade, separação entre Estado e religião, tolerância e mercado. Rawls (1992), em sua proposta de uma teoria da justiça, analisa a democracia constitucional com base em uma concepção filosófica de justiça. Em síntese, ele sustenta que, em uma democracia constitucional, a concepção pública de justiça deveria ser independente das controvérsias doutrinárias, filosóficas e religiosas (Rawls, 1992). Nesse sentido, aplica-se o princípio da tolerância à filosofia, e a concepção pública de justiça deve ser política.

Outro desafio para a democracia e que é abordado por Santos (2002) é o questionamento se, de fato, as eleições são suficientes para garantir a representação das diferenças sociais e das agendas e identidades específicas que compõem uma sociedade plural.

Sobre esse assunto, Hirst (1992) sinaliza que, desde a década de 1980, presenciamos um sucesso e um fracasso da democracia representativa. O sucesso consiste na possibilidade real que o eleitorado tem de escolher alguns membros do governo, isso torna a participação política rotineira e, no entanto, minimizada segundo parâmetros puramente eleitorais, o que pode ser considerado um fracasso.

Para superar esse fracasso, de acordo com Hirst (1992), deve-se inicialmente compreender que na democracia representativa:

- não é o povo que toma as decisões nem que faz as leis;
- as leis não são gerais, mas específicas para atender a interesses particulares de grupos;
- independentemente do sistema eleitoral, não são os eleitores que tomam as decisões políticas, e sim pessoas eleitas e partidos políticos.

Em consequência, a competição política da democracia representativa seleciona um número limitado de pessoas para o governo. Por meio do caráter eletivo dos cargos, as políticas governamentais podem mudar, porém a estrutura básica de autoridade permanece. O desafio real para esse regime político é a falha em permitir que a sociedade faça a supervisão, a limitação e o controle do governo (Hirst, 1992, p. 42). Essa falha é traduzida em cinco óbices:

1. "despotismo eletivo", em que o governo eleito visa somente à exploração da administração centralizada e hierárquica em benefício próprio;
2. poder do especialista, cujo risco é provocado pelo poder não fiscalizável da burocracia;
3. pressão pelo segredo e controle da informação política, ambos oriundos de governos partidários e da burocracia;
4. impossibilidade de implementação de programas amplos de mudança social e política em curto prazo (por exemplo, no período de uma legislatura);
5. capacidade reduzida na prestação de contas pelo governo e influência da opinião pública sobre as decisões dos governantes.

Como fazer para superar esses problemas com novas estratégias de democratização? Como lidar com as consequências da participação mínima dos cidadãos e do domínio dos grandes partidos eleitorais? Hirst (1992) propõe três soluções.

Inicialmente, é necessário o gerenciamento econômico por meio da coordenação dos grandes interesses sociais e da negociação entre grupos de interesses, implicando a representação corporativa dos grandes interesses organizados:

> a representação corporativa dos interesses organizados pode fortalecer a democracia, no sentido de aumentar o poder popular sobre o governo, e não o debilita, como supõem muitos críticos do corporativismo. O corporativismo só representa uma ameaça à democracia quando se supõe que existe uma única forma legítima de representação popular, o voto por eleitorados territorialmente definidos, e que o Estado "soberano" expressa a vontade do povo através de seus atos legislativos e administrativos. (Hirst, 1992, p. 13)

Em segundo lugar, por meio do corporativismo, é possível descentralizar as atividades do Estado ampliando o papel da coordenação, da negociação e da influência sobre os assuntos estatais. Com o corporativismo, há a mescla do Estado com a sociedade civil, por meio da construção de redes públicas e privadas de influência para a formulação de políticas centrais, regionais e locais (Hirst, 1992).

Em terceiro e último lugar, o autor sugere a formação de um pluralismo estatal:

O que defendo aqui é que a "pluralização" do Estado é compatível com o projeto de socialismo associativo, com a devolução das tarefas da organização social e da atividade econômica a associações autogovernadas e voluntárias de cidadãos. O pluralismo político cria espaço para uma sociedade civil de associações autônomas; o Estado "soberano" centralizado, em contrapartida, tende a restringir espaço com crescente rigidez e a favorecer corporações comerciais hierarquicamente dirigidas e privadas, mais próximas em sua natureza de sua própria forma de autoridade concentrada e exercida de cima para baixo. (Hirst, 1992, p. 16)

Assim, para o autor, devem ser mantidos o mecanismo de representação (forma de controle), os partidos políticos (simplificam e organizam as alternativas eleitorais) e a ampliação da competição política (pluralismo) e do debate político (corporativismo).

Para evitar que a democracia representativa legitime ações contrárias ao pluralismo, aumentando a centralização e a hierarquia da administração estatal, Hirst (1992) aponta que devem existir a competição e os debates políticos amplos com a influência efetiva de organizações sobre o governo. Portanto, o pluralismo de Hirst concilia a teoria da democracia com a teoria das elites, defende a baixa participação (apatia política) e propõe, como solução, o elitismo pluralista.

Além da proposta de Hirst, outras surgiram para superar os impasses da democracia representativa e procedimental. Sua ênfase, geralmente, recai sobre o acréscimo de alguns instrumentos políticos que funcionam como complementos para tornar a participação política do cidadão mais ativa e efetiva. Essas alternativas formam o que Santos (2002) denomina *formas não hegemônicas da democracia* e serviriam como solução para os impasses da concepção hegemônica, que discutimos no início deste capítulo: a liberal e procedimental, que prevaleceu no decorrer do século XX. Analisaremos algumas dessas alternativas na subseção a seguir.

— 4.1.5 —
A concepção não hegemônica da democracia

A concepção não hegemônica da democracia propõe ampliar a representação das diversidades culturais e multiplicar os espaços participativos para o cidadão. Nesse sentido, merecem destaque o federalismo, a democracia deliberativa e a democracia participativa (Figura 4.2).

Figura 4.2 – Alternativas da concepção não hegemônica da democracia

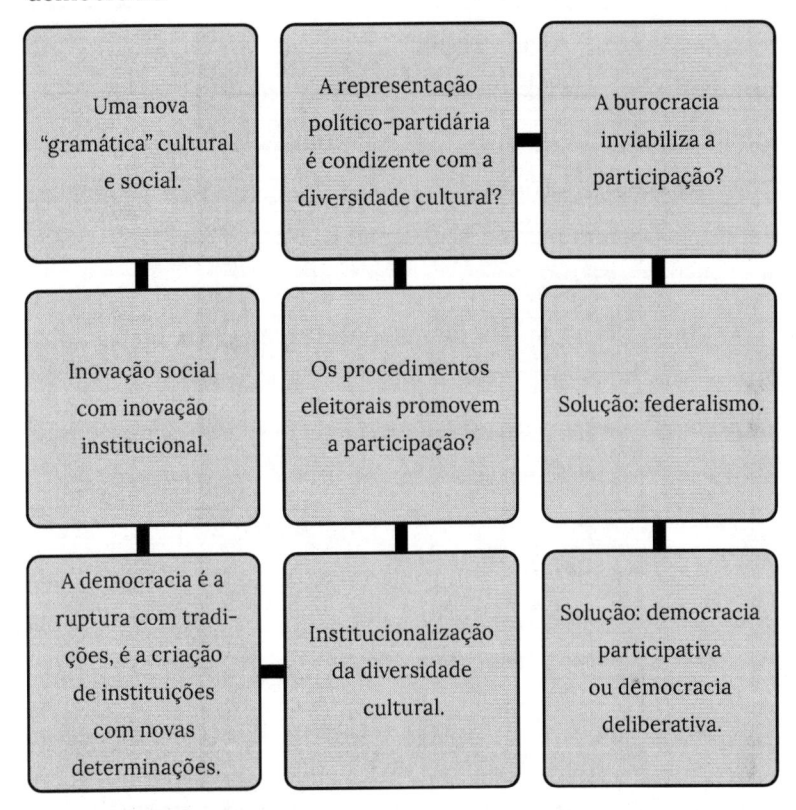

Uma nova "gramática" cultural e social.	A representação político-partidária é condizente com a diversidade cultural?	A burocracia inviabiliza a participação?
Inovação social com inovação institucional.	Os procedimentos eleitorais promovem a participação?	Solução: federalismo.
A democracia é a ruptura com tradições, é a criação de instituições com novas determinações.	Institucionalização da diversidade cultural.	Solução: democracia participativa ou democracia deliberativa.

O **federalismo** sustenta-se na proposta de organizar a relação entre o centro (poder soberano) e as comunidades locais sujeitas a ele, de modo a valorizar a pluralidade e o autogoverno delas (Costa, 2012), ou seja, propõe-se a descentralização administrativa. Em consequência, o cidadão desenvolveria o hábito de interagir com os outros e teria interesse nas demandas sociais oriundas da esfera pública local. Por meio do federalismo, delega-se à comunidade local a resolução de seus problemas, uma vez que esta, por causa da direta experiência, teria condições reais para decidir sobre as ações a serem tomadas. Além disso, retoma-se a clássica proposta de valorização da autonomia, confiando às comunidades a fiscalização do poder local (como em Tocqueville e Stuart Mill).

Os teóricos da **democracia deliberativa**, entre eles Nancy Fraser (1947-) (1997), Iris Young (1949-2006) (2001) e Jürgen Habermas (1929-), defendem que o processo democrático não está na decisão, mas na discussão. Nessa perspectiva, pelo debate e pelos procedimentos argumentativos é possível chegar a um consenso resultante da reflexão sobre os diferentes pontos de vista possíveis.

Os pressupostos teóricos de Habermas (1995) são:

- Propor uma teoria da democracia com base no núcleo procedimental, mas que assegure a validade da democracia de acordo com as condições de aceitabilidade racional. O processo de tomada de decisão coletiva, nesse sentido, condiz com princípios normativos baseados em liberdades políticas e no exercício da cidadania ativa.
- Distinguir o modelo procedimental de democracia do modelo da concepção liberal (Kant e Locke) e da concepção republicana (Rousseau).

Vejamos uma síntese dessa proposta de Habermas (1995) no Quadro 4.1 a seguir.

Quadro 4.1 – Democracia deliberativa de Habermas

	Democracia liberal	Democracia republicana	Democracia deliberativa
Objetivo	O Estado de acordo com o interesse da sociedade. A sociedade é estruturada em mercado, relações privadas e mercado de trabalho. O Estado é a esfera administrativa.	O Estado como o espaço da vida ética. A sociedade é uma comunidade. Os membros são dependentes recíprocos, são livres e têm direitos iguais. A integração social é resultado da solidariedade e da orientação pelo bem comum.	Esclarecer como os participantes devem entender a si mesmos e como devem tratar-se mutuamente as minorias e os grupos marginais. O consenso é fruto de um compromisso não pautado no discurso ético, mas em negociações.
Conceito de cidadão	Define-se pelos direitos subjetivos que o cidadão tem. O cidadão é livre de coações externas e pode controlar em que medida o poder do Estado interfere em sua vida privada.	Define-se pelos direitos de cidadania (de participação e de comunicação) como liberdade positiva. Os cidadãos são atores políticos responsáveis.	Os cidadãos partilham de uma mesma cultura (razão argumentativa) e têm a razão prática situada nas normas de discurso e nas formas de argumentação orientada para o entendimento.

(continua)

(Quadro 4.1 - conclusão)

	Democracia liberal	Democracia republicana	Democracia deliberativa
Conceito de direito	Constrói-se com base nos direitos subjetivos.	Vincula a legitimidade da lei ao procedimento democrático da gênese da lei (autodeterminação do povo e império da lei).	A ordem jurídica torna possível a obediência a suas regras (facticidade) por respeito à lei (validade). O direito positivo (garantia dos direitos naturais) deve legitimar-se. Os destinatários das normas são autores delas.
Processo político	Competição entre atores coletivos pelo poder administrativo. O assentimento dos cidadãos garante o vitorioso. No mercado eleitoral, prevalece o interesse próprio e a persuasão.	Estrutura para comunicação pública com o objetivo de entendimento, diálogo. Processo de argumentação racional. Os cidadãos são unidos comunicativamente.	Tem papel fundamental na formação da opinião e da vontade comum. Depende dos princípios do Estado de direito e é pautado na negociação e na reinvindicação.

Fonte: Elaborado com base em Habermas, 1995.

Por fim, a **democracia participativa** procura envolver o maior número possível de pessoas na gestão dos assuntos públicos. Esse estímulo decorre do fato natural de que o governo representativo tende a paralisar a participação do cidadão, tornando-o apático politicamente nos assuntos públicos, e isso dá aos representantes uma autonomia política perigosa, além de restringir a participação do cidadão aos momentos meramente eleitorais.

Encontramos alguns pressupostos dessa alternativa nos escritos de Chantal Mouffe (1943-) e Boaventura de Sousa Santos (1940-), entre outros.

Para Mouffe (1996), o socialismo, entendido como um processo de democratização da economia, torna-se um componente importante do projeto de uma democracia plural e radical, a qual é uma extensão da democracia a níveis mais amplos de relações sociais. Esse socialismo liberal ou associativista interfere nas questões ligadas à gestão democrática das empresas privadas e à democratização da administração pública respeitando os princípios da democracia liberal. Permite também que os próprios organismos (educação, saúde, assistência social, serviços comunitários) definam seus objetivos. "É, assim, compatível com uma sociedade pluralista, em que existem diferentes tipos de valores ou interesses organizados" (Mouffe, 1996, p. 133).

Nessa perspectiva, o Estado pluralista assumiria a tarefa legal de garantir a igualdade entre as associações e o controle das condutas. Assim, por um lado, os indivíduos e as associações seriam tratados como pessoas reais, e suas individualidades e autorrealizações somente seriam reconhecidas pela associação com outros. Por outro lado, o Estado pluralista reconhece que tem a obrigação de proteger os direitos dos indivíduos e das associações. "Hoje um enquadramento individualista torna impossível a extensão da revolução democrática a um conjunto de relações sociais cuja especificidade só pode ser compreendida reconhecendo a multiplicidade de identidades e de posições subjetivas que compõem um indivíduo" (Mouffe, 1996, p. 135).

Já Santos (2003) teoriza como o direito deve atuar em um contexto de democracia participativa. No artigo *Poderá o direito ser emancipatório?*, o autor elenca algumas linhas de ação para que o campo jurídico contribua com o movimento contra-hegemônico da democracia (Santos, 2003):

- o direito não se resume ao direito estatal (autoridade e produção do Estado) nem aos direitos individuais (vida, liberdade, propriedade). Também protege os direitos coletivos (saúde, educação, segurança, trabalho, habitação, lazer);
- o direito deve ser pensado como instrumento não neutro e não exclusivo do Estado. Deve-se usá-lo para mobilizações políticas;
- há múltiplas fontes de direito fora do Estado. Por meio do pluralismo jurídico, reduz-se a exclusão social e aumenta-se a inclusão social.
- o direito ultrapassa os limites de escala (local, nacional e global).

Entre os temas de estudo da área jurídica que convergem com alguns dos pressupostos contra-hegemônicos da democracia, Santos (1989) destaca:

- **Acesso à Justiça**: obstáculos (econômicos, sociais, culturais) que o cidadão tem no acesso efetivo à justiça; democratização do acesso à justiça. Inserem-se aqui as modalidades de *online dispute resolution* (ODR) que se utilizam dos métodos *alternative dispute resolution* (ADR) em conjunto com as novas tecnologias da informática e da comunicação social. As ODRs, segundo Nascimento Junior (2017), caracterizam-se como uma variante do acesso à justiça.
- **Administração da Justiça**: uma instância política que deve estar aberta a acolher as demandas sociais e a propor soluções corretivas.
- **Resolução de litígios**: reformas da Justiça civil de modo a criar um novo tipo de relacionamento entre os vários participantes do processo (informal, horizontal, participação mais ativa das partes e testemunhas).
- **Democratização da justiça**: processo judicial com maior participação e envolvimento do cidadão e reforma do processo de recrutamento dos juízes (juízes com novos saberes).

— 4.1.6 —
Desafios para a democracia no século XXI

Apesar dos incrementos para ampliar a participação dos cidadãos pelas vertentes da democracia deliberativa e participativa, o regime democrático voltou a ser questionado no início do século XXI.

De acordo com Baquero, Ranincheski e Castro (2018), entre os obstáculos a serem superados pelo regime político democrático no início do atual século está o sentimento de desconfiança do cidadão nas instituições políticas democráticas. Especificamente no caso brasileiro, os autores sustentam que o regime político democrático se apresenta em um **momento de inércia** por causa uma série de problemas:

- questões estruturais, como a forte presença do Estado (diversos golpes, Estado assistencial);
- questões históricas, como a desigualdade social (concentração de renda);
- formação política, com aspectos relacionados ao autoritarismo e ao liberalismo (quem controla o Estado controla tudo);
- padrão de fazer política, em que prevalecem a corrupção e a cidadania passiva (tanto os ricos quanto a população em geral buscam a proteção do Estado).

Outro risco para os regimes políticos democráticos se refere à presença no governo de líderes não eleitos ou de militares, que, por consequência, têm acesso aos meios de coerção física (Dahl, 2001). Conforme Morlino (2004), uma intervenção militar pode ocorrer quando:

- há ausência de instituições políticas consolidadas;
- líderes não eleitos ou militares têm o monopólio da força;
- a situação política interna está em crise (politização das classes baixas, ameaça aos interesses da classe média, ampla crise econômica, violência);

- os militares são atores em potencial para a intervenção por causa de sua organização e sua disciplina e por terem a posse de armas;
- há um interesse corporativo para defesa do reconhecimento da instituição militar (garantir recursos para a defesa) e também contra milícias alternativas.

Nos regimes políticos democráticos mais consolidados, também se observam uma **fragilidade dos governos** e o sentimento de desconfiança do cidadão. É o que mostram Levitsky e Ziblatt (2018) no livro *Como as democracias morrem*, no qual afirmam que o enfraquecimento da democracia no século XXI tem as seguintes causas:

- os políticos tratam os rivais como inimigos mortais;
- a rejeição aos resultados das eleições;
- o questionamento às decisões dos tribunais;
- a intimidação à imprensa;
- os homens armados que sobem ao poder;
- os autocratas que sobem ao poder via eleições e subvertem a democracia.

Para conter o rompimento dos valores democráticos, a solução, segundo Levitsky e Ziblatt (2018), é reforçar o papel dos partidos políticos, para evitar que líderes extremistas subam ao poder, e preservar a estabilidade do sistema de freios e contrapesos. Na sua essência, esse sistema remete à teoria da separação de poderes de Montesquieu. Contudo, temos que recordar as observações de Bobbio (1997) de que essa separação dos poderes do Estado foi concebida para assegurar a liberdade dos indivíduos perante possíveis abusos por parte do governante. Uma segunda interpretação possível refere-se à ideia de que, pela separação dos poderes, se aumenta a eficiência do Estado por meio da distribuição de suas atribuições a diferentes órgãos especializados.

Qual é a importância prática dessas duas versões sobre a doutrina da separação dos poderes? Inicialmente, devemos salientar que ambas estão atreladas ao entendimento do papel do Estado na vida social. Na primeira interpretação, a ênfase está em desconcentrar o poder estatal (defesa da liberdade dos indivíduos); já a segunda visão reforça a maior eficiência do Estado (distribui as funções a órgãos especializados). É nesse entendimento que se identifica o papel do sistema de freios e contrapesos citado por Levitsky e Ziblatt (2018).

Para a compreensão desse tema, é salutar sabermos que as ações estatais são divididas em atos gerais e atos específicos (Ommati, 1977). Os **atos gerais** são frutos da emissão de leis gerais e abstratas criadas pelo Poder Legislativo; os **atos específicos** são provenientes do Poder Executivo, quando este age para colocar em prática os atos gerais. Todavia, o Poder Executivo não pode agir de modo arbitrário, assim suas decisões e atividades devem estar limitadas aos atos gerais. Cabe ao Poder Judiciário fiscalizar a ação dos outros dois poderes políticos em suas atividades de legislar e de executar.

Nesse sentido, Levitsky e Ziblatt (2018) advertem que o sistema de freios e contrapesos é necessário, mas não é suficiente para proteger a democracia. Os autores argumentam que as normas ou os atos gerais são incompletos e apresentam lacunas e ambiguidades, permitindo diferentes interpretações e entendimentos. Isso vai ao encontro dos apontamentos feitos por Avritzer e Marona (2017), segundo os quais, o impasse da democracia brasileira está na tensão existente entre o cumprimento do que está na Constituição e a aplicação do sistema de freios e contrapesos. O entendimento dos autores é de que o Poder Judiciário interfere de modo arbitrário nas funções dos outros dois poderes políticos, de modo que:

- o Judiciário tem ampla autonomia em relação aos outros poderes políticos;
- há um pretorianismo sobre as instituições políticas (criminalização da política);
- existe uma tendência à politização seletiva da Justiça (instituições de justiça e judiciárias).

Esse assunto é retomado por Avritzer (2018), quando trata da regressão pelas quais a democracia brasileira passou de 2013 a 2018. Segundo o autor:

- a defesa dos direitos não está vinculada às garantias institucionais (Constituição de 1988);
- a defesa dos direitos depende de um arranjo intraelites (tolerância e cordialidade entre elites judiciais, econômicas e políticas);

- o direito trata de forma cordial os delitos das elites – o direito penal oferece vias recursais;
- o Judiciário coloca-se acima da ordem política. Passou-se da judicialização das defesas dos direitos sociais para a judicialização criminal da política.

Sem se ater às críticas que podem ser feitas ao comportamento do Judiciário e ao sistema de freios e contrapesos, vale destacar a observação feita por Vauchez (2017) de que o Judiciário, ao se profissionalizar no século XXI, afasta-se dos poderes políticos de modo a colocar-se como o poder de justiça, apropriando-se de inúmeras estratégias políticas para atingir seus objetivos.

À medida que a justiça se consolida como instituição exterior à política, ela coloca-se como instância necessária para legitimar as instituições políticas e administrativas (Vauchez, 2017). Desse modo, ocorre a mobilização da justiça, em que os governos e outros atores políticos, para combaterem seus adversários e defenderem seus interesses, empregam recursos judiciais, manifestando a instrumentalização do acesso ao Judiciário.

Com relação à profissionalização do Judiciário e à sua separação dos poderes políticos, Vauchez (2017) assinala que esse poder se torna exterior à vida política com base no processo de dupla racionalização weberiana: a burocrática e a jurídica. Trataremos dessa questão na seção a seguir.

— 4.2 —
Racionalização

A racionalização do governo, assim como a democratização, é uma tendência natural do Estado na sua configuração moderna e designa o uso de recursos técnicos e especializados nas atividades governamentais. O incentivo para a racionalização está no fato de que, com ela, os governantes, conhecendo melhor a realidade e por meio de um instrumental eficiente, passam a agir com maior eficácia (Dallari, 2011).

O fenômeno da racionalização do Estado apareceu nas análises históricas e sociológicas de Weber. Em seus escritos, ele dedicou-se a encontrar o que é específico do mundo ocidental moderno e identificou a presença de um capitalismo e do Estado organizados em moldes racionais, além da racionalização da conduta em todas as esferas da existência humana. Para Weber (1982, p. 337), a racionalização

> significa uma coisa se pensarmos no tipo de racionalização que o pensador sistemático realiza sobre a imagem do mundo: um domínio cada vez mais teórico da realidade por meio de conceitos cada vez mais precisos e abstratos [...] significa outra coisa se pensarmos na realização metódica de um fim, [...] por meio de um cálculo cada vez mais preciso dos meios adequados.

Ao lermos com atenção os escritos de Weber (1982, 1997, 2000) sobre a racionalização, observaremos que, para ele, o oposto da razão é a magia. Assim, com o processo de racionalização na sociedade, há o fim do uso de instrumentos fantasiosos e de fórmulas rituais ou simbólicas para explicar e organizar o mundo, isto é, pelo uso da razão ocorre o desencantamento do mundo. Com a crescente racionalização, os indivíduos conseguem orientar suas ações e produzir explicações sobre fenômenos de maneira lógica, abstrata e racional.

Portanto, a racionalização da sociedade possibilita a previsibilidade econômica, política e social, por meio, por exemplo, de métodos administrativos racionais e de um pessoal especializado e treinado para trabalhar no Estado ou nas empresas econômicas. Weber (1997) identifica o fenômeno da racionalização:

- na economia (capitalista), como uma organização racional do trabalho segundo uma burocracia e uma divisão racionais, de modo a torná-lo mais eficiente;
- no Estado, como a administração racional burocrática, as leis racionalmente ordenadas e o monopólio legítimo da violência – elementos que caracterizam o Estado moderno.

Para Weber (2000), o direito como arcabouço jurídico passa a ocupar uma centralidade na organização racional de uma sociedade ao controlar e formalizar as relações sociais, por um lado, trazendo a previsibilidade das relações e, por outro, impedindo o imprevisível, o caos social. Isso porque, por meio das normas jurídicas e de suas sanções em situações de descumprimento, as relações sociais tornam-se previsíveis e calculáveis.

As contribuições da teoria weberiana da racionalização incidem sobre as funções do direito na sociedade moderna, ou seja:

- sobre a legalidade jurídica e sua forma racional legal quanto à economia e à política (Estado);
- sobre a produção do consenso pelo direito ao agir como produtor de valores sociais;
- sobre a racionalidade do direito "voluntário" – quanto a esse assunto, Dilcher (2012) pontua que o direito dessa espécie equivale àquelas normas e leis que são intencionalmente criadas e têm um papel fundamental na administração burocrática presente no interior das diversas associações sociais de que o cidadão participa, como associações de bairro, comunidades locais, clubes etc.;
- sobre o direito autônomo e especializado, uma estrutura jurídica diferenciada e separada do poder político (Estado) e da religião.

Essa percepção de Weber sobre a função das normas jurídicas é aprofundada por Neumann (2014), ao proferir que a lei, por um lado, contempla um juízo hipotético do Estado sobre um comportamento futuro dos súditos e, por outro, é a forma fundamental pela qual a norma jurídica aparece.

A lei é determinada por três elementos:

- não concede privilégio individual, e, sim, coletivo;
- é compreendida em seu conteúdo por ser incondicional;
- não é retroativa.

Neumann (2014) prossegue afirmando que a lei tem como função regular a liberdade das pessoas (liberdade pessoal, direitos políticos de liberdade, direitos econômicos de liberdade) e as instituições humanas (permitindo a manutenção de uma relação de poder ou de cooperação de longo prazo, como as existentes em uma empresa, no casamento, na regularização da propriedade privada e dos meios de produção etc.).

A influência da teoria de Weber na sociologia jurídica está presente, por exemplo, nos escritos de Niklas Luhmann (1927-1988) sobre a legitimidade do direito por meio do procedimentalismo. Luhmann (1980) chama a atenção para o fato de que o homem não é por natureza um ser social, mas que precisa da sociedade para sobreviver. Para tanto, o direito como arcabouço jurídico é fundamental, porque é uma estrutura que define os limites e as interações da sociedade e estabiliza as expectativas nelas.

Ferraz Junior (1980), ao apresentar as ideias de Luhmann, sintetiza que, para este, a sociedade escolhe interações baseadas na reciprocidade, mas o indivíduo concreto, que faz parte do mundo, introduz nela a contingência do seu livre-arbítrio. Nesse contexto, surge o direito como uma estrutura que garante as expectativas sociais diante das contingências a que estão sujeitas.

No livro *Legitimação pelo procedimento*, Luhmann (1980) procurar responder se a estrutura social do direito é legítima. Nesse sentido, recorre à teoria weberiana, segundo a qual, o direito tem um papel fundamental na racionalização, ao regular os comportamentos para que a sociedade não se torne um caos. As leis acabam deixando as condutas previsíveis, portanto calculáveis, por causa das sanções que podem ser aplicadas em caso de descumprimento. Portanto, para Luhmann (1980), o poder jurídico é legítimo na medida em que o direito consegue produzir uma prontidão generalizada para a aceitação de suas decisões, sem determinação de seu conteúdo concreto, pois a legitimidade está no procedimento adotado pelo tribunal para construí-las.

De acordo com Luhmann (2002), o direito e a norma são resultados de decisões políticas e, para serem seguidos, devem ser legítimos por meio de sua construção baseada em determinados procedimentos. Mesmo que a decisão final gere descontentamento nas partes, estas a aceitam porque decorre de um procedimento que obedece a uma lisura.

Outro tema presente nos escritos sociológicos de Weber (2012) é o fenômeno da **burocratização** das atividades no governo, que está estritamente relacionado ao processo de racionalização do Estado que abordamos anteriormente. No senso comum, o termo *burocracia* recebe o significado de uma disfuncionalidade organizativa, ou seja, um processo de proliferação de normas, procedimentos, uma ineficiência do aparato público.

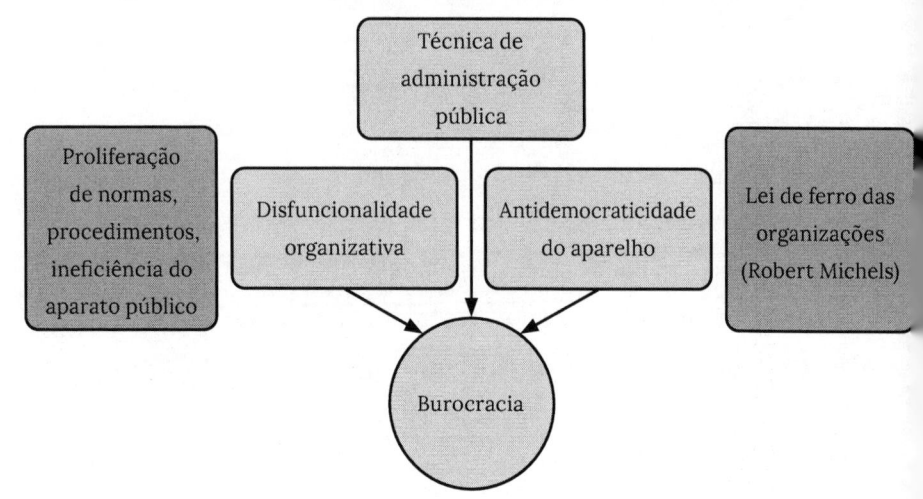

Figura 4.3 – Três significados para o termo *burocracia*

- Técnica de administração pública
- Proliferação de normas, procedimentos, ineficiência do aparato público
- Disfuncionalidade organizativa
- Antidemocraticidade do aparelho
- Lei de ferro das organizações (Robert Michels)

→ Burocracia

No pensamento sociológico e político, a palavra *burocracia* recebe também a conotação de um processo de antidemocraticidade das organizações, em especial do governo e dos partidos políticos, conforme assevera Michels (1982). Para ele, a burocratização é uma lei natural em toda e qualquer organização que tenha em vista sua autonomia organizativa. Contudo, esse processo, inevitavelmente, leva à oligarquização das decisões internas nas mãos de uma minoria de integrantes dos agrupamentos organizados.

Em Michels (1982), observamos a influência dos pressupostos da teoria das elites, quando este realça a existência inevitável de uma minoria de pessoas que serão sempre mais ativas do que as demais nas organizações. Internamente, nos governos e nos partidos políticos, ocorre a complexa tendência à oligarquização das decisões, o que se opõe totalmente à democratização dos processos decisórios ou da soberania popular nos sistemas políticos modernos.

Diferentemente dessas concepções de burocracia, Weber (1982, p. 251) assevera que esta é uma técnica de administração pública: "a burocracia é 'desumanizada', na medida em que consegue eliminar dos negócios oficiais o amor, o ódio e todos os elementos pessoais, irracionais e emocionais que fogem ao cálculo". A conceituação do termo no sentido weberiano apresenta três traços. O primeiro compreende os requisitos necessários para o processo de burocratização:

- A organização deve ser regida por regulamentos, leis e normas administrativas abstratas e impessoais.
- Esses regulamentos devem ser distribuídos como deveres oficiais e estabelecer as atividades regulares necessárias para o cumprimento dos objetivos da organização, pública ou privada.
- Deve haver pessoas qualificadas e especializadas para o cumprimento das funções.

De acordo com Weber (2012, p. 9),

> Estes três elementos constituem, no governo público – e legal, a "autoridade burocrática". No âmbito econômico privado fazem parte da "administração" burocrática. [...] a burocracia somente está totalmente desenvolvida nas comunidades políticas e eclesiásticas do Estado Moderno; no caso da economia privada somente o está nas instituições capitalistas mais avançadas.

O segundo traço é o princípio de legitimidade para o processo burocrático, que, de acordo com Weber (1982), consiste em uma autoridade burocrática com poder pleno para encaminhar ordens e concretizar a execução das ações, algo delimitado por regulamentos.

Por fim, o terceiro traço corresponde às características da estrutura burocrática (Weber, 2012):

- processo baseado em documentos escritos, arquivos;
- treinamento especializado e completo;
- atividade profissional com tempo delimitado;
- regras gerais a serem seguidas para o desempenho das tarefas;
- ocupação de cargos – profissão (obrigação específica e impessoal) que tem reputação social por ser exercida por um especialista no assunto com diploma – por nomeação (exame, concurso, meritocracia) ou cargos vitalícios contra afastamento arbitrário. Há salário fixo, planos de cargos e salários, e cada cargo se torna uma prebenda (ocupação rendosa com pouco trabalho).

Antes de avançarmos para a reflexão sobre as consequências da burocracia no governo, é interessante destacarmos as causas que Weber atribui para o processo de burocratização racional do Estado moderno. Em primeiro lugar, ele considera o desenvolvimento de uma economia monetária baseada nos lucros (empresa privada) ou na tributação (administração pública). "Embora o pleno desenvolvimento de uma economia monetária não constitua a condição preliminar indispensável à burocratização, a burocracia como estrutura permanentemente está ligada à pressuposição de uma renda constante para a sua manutenção" (Weber, 1982, p. 243).

A segunda causa seria a expansão quantitativa e qualitativa das funções administrativas (Weber, 2012). A quantitativa refere-se ao crescimento territorial; o grande Estado moderno é diretamente dependente de uma extensão de base burocrática. Além disso, a defesa desse Estado exige proteção e expansão militar, necessidades diretamente ligadas à expansão quantitativa da burocracia.

A expansão qualitativa decorre da regulamentação pública e coletiva para todo o Estado com base na burocracia, que não pode ser evitada por conta de fatores econômicos e técnicos. A política de bem-estar social é um exemplo de tarefa burocrática no sentido econômico (Weber, 2012). Essa descrição de Weber é confirmada por Bobbio (1986), que reflete sobre os obstáculos impostos à democracia no século XX. Em sua concepção, a política de bem-estar gera o aumento do aparato burocrático como uma consequência natural do processo de democratização, que exige a construção de um Estado de serviços para garantir a proteção dos direitos e o atendimento das demandas sociais (Bobbio, 1986).

Ao refletirmos acerca de algumas das consequências do processo de burocratização racional para o Estado moderno, o primeiro corolário é a concentração dos meios de administração e gestão nas mãos dos detentores do governo. Segundo Weber (1982, p. 259), "O Estado burocrático, porém, coloca todas as suas despesas administrativas no orçamento e equipa as autoridades inferiores com meios correntes de despesa, cujo uso o Estado regulamenta e controla".

Outra consequência seria o nivelamento das diferenças sociais (Weber, 2012). Com o aumento da democratização (igualdade perante a lei) na sociedade, a estrutura da burocratização amplia-se na administração do Estado. A autoridade burocrática torna-se cada vez mais presente para evitar o privilégio e a rejeição ao tratamento individual.

Outro efeito consiste na racionalização na educação (Weber, 2012), com ênfase na formação técnica, nos exames, nas especializações (meritocracia) e no prestígio social dos títulos educacionais.

Além disso, podemos observar o caráter permanente da atividade da máquina burocrática (Weber, 2012). Essa consequência está presente nos escritos de Offe (1984), que discutimos na Seção 3.1 deste livro, sobre a função do Estado na sociedade capitalista. Com base nos pressupostos teóricos de Weber, Offe (1984) argumenta que a função política da burocracia na sociedade moderna capitalista decorre da manutenção da relação de troca dependente de um grupo não produtivo (burocracia). A implementação dos processos de socialização capitalista (inclusão e manutenção no mercado de trabalho) amplia a necessidade de ações direcionadas ao trabalho social (inclusão social), que devem ser executadas pela burocracia. Caso a burocracia pública não realize o processo de socialização capitalista desse grande grupo, há o risco de estes se rebelarem contra a sociedade capitalista. Portanto, para atingir os objetivos econômicos da sociedade capitalista, são precisos mecanismos administrativos, e não econômicos.

A relação entre a burocracia e a ascensão do direito no Estado moderno também é discutida por Weber (1982). Ele argumenta que, no Estado moderno, a ênfase da atuação do direito recai em uma leitura racional da lei com base em uma formalidade conceitual que se contrapõe a valores sagrados, subjetivos ou impessoais. Esses valores concretizam as formas não burocráticas e não modernas de aplicar o direito. Nas palavras de Weber (1982, p. 256),

> A "igualdade perante a lei" e a exigência de garantias legais contra a arbitrariedade requerem uma "objetividade" de administração formal e racional, em oposição à discrição pessoalmente livre [...].
>
> [...] A justiça e administração só podem ter essa função se assumirem um caráter informal, em proporções de longo alcance.

A racionalidade na leitura da lei transcorre, para Weber (1982), de modo fortuito, em virtude da complexidade da sociedade moderna, impondo imbróglios jurídicos que exigem, cada vez mais, a colocação do processo judicial nas mãos de técnicos e especialistas (juízes e advogados), racionalmente preparados na ciência do direito.

Ao refletirmos sobre as contribuições de Weber, encontramos os pressupostos teóricos da racionalização e da burocratização do Estado moderno em estudos que intentam identificar a atuação da burocracia no governo. Um primeiro avanço consistiu em demonstrar que a burocracia pública é formada por três grupos (Araya, 2016):

1. **Tecnocratas**: têm o mérito acadêmico e a reputação científica (capital cultural).
2. **Tecnopolíticos**: detêm a experiência técnica e o capital político e eleitoral.
3. **Burocratas de políticas públicas**: valem-se do conhecimento específico das políticas públicas e dos procedimentos políticos e administrativos.

Sobre o papel da burocracia pública no governo do Brasil, Bresser-Pereira (2007) traz importantes apontamentos referentes ao processo de desenvolvimento econômico e político do país.

Bresser-Pereira (2007) compreende como **alta burocracia** aquela caracterizada pelo conhecimento e pela racionalidade em suas atividades governamentais. Está situada nos cargos do Estado, como na burocracia profissional e nos cargos eletivos, e denota a função de controle da organização estatal.

Com o emprego dos pressupostos teóricos de Weber sobre a burocracia, Bresser-Pereira (2007) cogita identificar o papel desempenhado por esta no decorrer do século XX no Brasil. Ou seja, investiga quais são os papéis desempenhados por servidores públicos, administradores de empresas estatais, consultores da administração pública e políticos profissionais. Em sua pesquisa, conclui que, em um contexto democrático, aumentam as demandas sociais e, por consequência, há cada vez mais a necessidade de uma atuação eficiente do Estado. O limite entre a tarefa do burocrata e do político está cada vez mais tênue, sendo, pois, mais impreciso reputar o que cabe a cada um em um Estado democrático.

Vejamos o Quadro 4.2 a seguir, que sintetiza a atuação da alta burocracia de 1821 até o final da década de 1990 no Brasil.

Quadro 4.2 – Formas históricas de Estado e de administração

CATEGORIA	1821-1930	1930-1985	1990-...
Estado/sociedade	Patriarcal--dependente	Nacional--desenvolvimentista	Liberal--dependente
Regime político	Oligárquico	Autoritário	Democrático
Classes dirigentes	Latifundiários e burocracia patrimonial	Empresários e burocracia pública	Agentes financeiros e rentistas
Administração	Patrimonial	Burocrática	Gerencial

Fonte: Bresser-Pereira, 2007, p. 11.

O **modelo de administração patrimonial**, que prevaleceu no Brasil de 1821 a 1930, era caracterizado por uma relação entre o Estado e a sociedade baseada no modelo patriarcal, em que as demandas sociais eram indicadas pelos gestores burocratas do Estado em detrimento de um posicionamento de estar aberto a escutar os anseios da sociedade. No âmbito político, o modelo do Estado era oligárquico, comandado por grupos políticos tradicionais e, no plano econômico, predominava a organização latifundiária agroexportadora. Essas peculiaridades permitem caracterizar a administração patrimonial como um processo de administração estatal em que havia confusão entre o público e o privado, de modo que os governantes se utilizavam dos recursos públicos como se estes fossem um prolongamento de suas posses pessoais. Além disso, inclui-se o fato de os governantes burocratas administrativos não apresentarem uma autonomia nas tomadas de decisão, amiúde imitando ações administrativas adotadas em outros países.

Entre 1930 e 1985, preponderou o **modelo nacional-desenvolvimentista**, cujo objetivo era o desenvolvimento econômico nacional. O regime político manifestou-se autoritário, com a exclusão de parte significativa da sociedade no processo de desenvolvimento econômico, político e social. Nesse período, o modelo apresentou traços significativos do tipo weberiano de racionalização. A preocupação principal da alta burocracia, segundo Bresser-Pereira (2007), era com a efetividade da ação pública. Desse modo, houve uma proliferação de órgãos estatais, com destaque para o Conselho Federal, criado em 1936; a Administração do Serviço Público (Dasp); o Instituto Superior de Estudos Brasileiros (Iseb); a Comissão Econômica para a América Latina (Cepal); a Petrobras; a Eletrobras; o Banco Nacional de Desenvolvimento Econômico (BNDE), entre outros.

Como consequência, houve o crescimento do funcionalismo público estatal, a proliferação das empresas estatais, a contratação via concurso público e a prática do clientelismo, privilegiando certos segmentos da sociedade em troca do voto eleitoral. Ademais, esse período foi marcado pela crise da administração burocrática brasileira devido ao alto custo da estrutura, que se mostrava lenta no atendimento aos *inputs* sociais, manifestando sua ineficiência.

Em meados da década de 1990, para Bresser-Pereira (2007), o papel da alta burocracia no Brasil foi norteado pelo **modelo de administração gerencial**, que visava à eficiência das tarefas com redução dos custos e ao aumento da qualidade dos serviços. Além dos políticos e dos militares, passaram a fazer parte da estrutura outros profissionais de diferentes áreas, como engenharia civil e economia. O regime político democrático vigente expressou-se, tanto no plano político quanto no administrativo, pela descentralização das tomadas de decisão, com o controle por resultados e com uma confiança limitada nos tomadores de decisão. Dessa época, destacamos a administração gerencial após 1995, durante o governo de Fernando Henrique Cardoso, em que se procurou tornar mais eficiente e moderna a administração do Estado para o atendimento ao cidadão – por isso, alguns setores do Estado sofreram modificações, do núcleo estratégico até as atividades exclusivamente estatais.

Na administração pública, esse período foi caracterizado pelo **modelo consensual** (Faleiros Júnior, 2017). Entre suas premissas, destacamos a descentralização das decisões políticas, presente na Constituição da República de 1988 (art. 1º, 22 e outros), e a institucionalização do Estado democrático de direito, que permitiu a abertura para uma forma mais democrática de controle do Estado. Na administração pública consensual, o processo de formulação, análise e execução não era mais orientado exclusivamente pela vontade do governante (poder político); o interesse público era ponderado em relação aos interesses privados que em torno dele orbitam, como em uma tentativa de resposta ao crescimento do Estado burocrático ao baixo rendimento e à ineficiência prestacional de serviços públicos.

Do ponto de vista jurídico, a produção normativa do Estado observava a eficiência e a economicidade (reforma administrativa após 1995, governo Fernando Henrique Cardoso). Buscava-se alcançar a melhor forma da administração pública, superando os entraves e as barreiras que se impunham a sua atuação. Para tanto, eram necessárias a coparticipação e a eficiência na relação entre o Estado e os cidadãos. O Estado, em vez de tomar decisões unilateralmente, deveria fornecer instrumentos para que os cidadãos se interessassem pelo debate e participassem das decisões, solucionadas mediante acordo. Atualmente, existe um acúmulo demasiado de processos em trâmite no Poder Judiciário, portanto essa medida se revela fundamental na busca por meios alternativos de soluções de conflitos, como o plebiscito, o referendo, a coleta de opinião, o debate público, a audiência pública e a cogestão, a exemplo da conciliação, da arbitragem, dos ajustes de conduta e dos acordos complementares e de integração. Assinalamos, anteriormente, essas alternativas para a estruturação do Poder Judiciário em um contexto de uma administração pública mais eficiente e econômica, mas, naquele caso, a abordagem focava os aportes teóricos dos valores democráticos do acesso à Justiça quando reconhecidos pelo Estado e garantidos de modo concreto para o cidadão.

Considerações finais

Assim, chegamos ao final deste livro.

Nele, vimos que há duas fontes principais para o estudo do Estado: a história das instituições políticas e a história das doutrinas políticas e jurídicas. Optamos por dar ênfase às doutrinas políticas e jurídicas que trazem reflexões sobre o processo de organização estatal, ao papel do direito na sociedade moderna e a alguns dos problemas relativos a sua organização e a sua atuação.

Observamos que, tanto para a ciência política quanto para a teoria do Estado, de acordo com as doutrinas políticas e jurídicas, o Estado é uma organização política criada pelo homem para a efetivação da ordem social com base na lei, servindo também como um poder social para a concretização do bem comum. A influência das atividades estatais e jurídicas é tão grande sobre nós que gera a necessidade de as conhecermos melhor. É sobre isso que refletimos nesta obra quando abordamos temas como a origem, o poder e as configurações modernas do Estado, bem como as críticas a ele na condição de reprodutor das desigualdades sociais e as tendências de governo nos Estados modernos.

Por fim, esperamos que, por meio dos referenciais teóricos e conceituais expostos, tenhamos dado um impulso inicial em você, leitor, para a prática de pesquisas acadêmicas que tenham como norte desvendar os aspectos sociais e políticos que circundam a atuação do Estado, a aplicação das normas pelas cortes e pelos tribunais e a organização do sistema judicial.

Referências

ALMEIDA, A. L. V. O Apartheid do direito: reflexões sobre o positivismo jurídico na periferia do capital. **Revista Direito e Práxis**, Rio de Janeiro, v. 8, n. 2, p. 869-904, 2017. Disponível em: <https://www.e-publicacoes.uerj.br/index.php/revistaceaju/article/view/23508/20595>. Acesso em: 11 maio 2021.

ARAYA, J. P. Influencia burocrática en la formulación de políticas públicas: el caso del Sistema de Alta Dirección Pública en Chile. **Revista de Ciencia Política**, v. 54, n. 2, p. 277-298, 2016. Disponível em: <https://revistapolitica.uchile.cl/index.php/RP/article/view/44920>. Acesso em: 11 maio 2021.

ARENDT, H. **A condição humana**. Tradução de Roberto Raposo. Rio de Janeiro: Forense Universitária, 2007a.

ARENDT, H. **Entre o passado e o futuro**. Tradução de Mauro W. Barbosa. São Paulo: Perspectiva. 2007b. (Coleção Debates, 64).

ARISTÓTELES. **Política**. Tradução de Mário de Gama Kury. Brasília: Ed. da UNB, 1985.

AVRITZER, L. O pêndulo da democracia no Brasil: uma análise da crise 2013-2018. **Novos estudos Cebrap**, São Paulo, v. 37, n. 2, p. 273-289, maio/ago. 2018. Disponível em: <http://novosestudos.com.br/produto/111/#5b523e094d340>. Acesso em: 12 maio 2021.

AVRITZER, L.; MARONA, M. A tensão entre soberania e instituições de controle na democracia brasileira. **Dados**, Rio de Janeiro, v. 60, p. 359-393, abr./jun. 2017. Disponível em: <https://www.scielo.br/scielo.php?script=sci_arttext&pid=S0011-52582017000200359&lng=pt&tlng=pt>. Acesso em: 12 maio 2021.

BAQUERO, M.; RANINCHESKI, S.; CASTRO, H. C. de O. de. A formação política do Brasil e o processo de democracia inercial. **Revista Debates**, Porto Alegre, v. 12, n. 1, p. 87-106, jan./abr. 2018. Disponível em: <https://seer.ufrgs.br/debates/article/view/81460>. Acesso em: 12 maio 2021.

BECK, U. **Sociedade de risco**: rumo a uma outra modernidade. Tradução de Sebastião Nascimento. 2. ed. São Paulo: Ed. 34, 2011.

BOBBIO, N. **Direito e Estado no pensamento de Emanuel Kant**. Tradução de Alfredo Fait. Brasília: Ed. da UNB, 1997.

BOBBIO, N. **Estado, governo, sociedade**: para uma teoria geral da política. Tradução de Marco Aurélio Nogueira. Rio de Janeiro: Paz e Terra, 1987.

BOBBIO, N. **Liberalismo e democracia**. Tradução de Marco Aurélio Nogueira. 6. ed. São Paulo: Brasiliense, 2000.

BOBBIO, N. **O futuro da democracia**: uma defesa das regras do jogo. Tradução de Marco Aurélio Nogueira. Rio de Janeiro: Paz e Terra, 1986.

BOBBIO, N. **Thomas Hobbes**. Tradução de Carlos Nelson Coutinho. Rio de Janeiro: Campus, 1991.

BOBBIO, N.; MATTEUCCI, N.; PASQUINO, G. **Dicionário de política**. Tradução de C. C. Varriale, G. L. Mônaco, J. Ferreira, L. G P. Cacais e R. Dini. Brasília: Ed. da UNB, 2004.

BOURDIEU, P. **Coisas ditas**. Tradução de Cássia R. da Silveira e Denise Moreno Pegorim. São Paulo: Brasiliense, 1998.

BOURDIEU, P. **O poder simbólico**. Tradução de Fernando Tomaz. Rio de Janeiro: Bertrand Brasil; Lisboa: Difusão, 2002. (Coleção Memória e Sociedade).

BRESSER-PEREIRA, L. C. Burocracia pública e classes dirigentes no Brasil. **Revista de Sociologia e Política**, Curitiba, n. 28, p. 9-30, jun. 2007. Disponível em: <https://www.scielo.br/scielo.php?script=sci_arttext&pid=S0104-44782007000100003&lng=pt&tlng=pt>. Acesso em: 12 maio 2021.

CARNOY, M. **Estado e teoria política**. Campinas: Papirus, 1988.

CARVALHO, L. B. de. Caminhos (e descaminhos) do pluralismo jurídico no Brasil. In: WOLKMER, A. C.; VERAS NETO, F. Q.; LIXA, I. F. M. (Org.). **Pluralismo jurídico**: os novos caminhos da contemporaneidade. 2. ed. São Paulo: Saraiva, 2013. p. 13-36.

CASTEL, R. **A gestão dos riscos**: da antipsiquiatria à pós-psicanálise. Tradução de Celina Luz. Rio de Janeiro: Francisco Alves, 1987.

CASTEL, R. **A insegurança social**: o que é ser protegido? Tradução de Lúcia M. Endlich. Petrópolis: Vozes, 2005.

CHIAPPIN, J. R. N.; LEISTER, C. O contratualismo como método: política, direito e neocontratualismo. **Revista de Sociologia e Política**, v. 18, n. 35, p. 9-26, 2010. Disponível em: <https://www.scielo.br/pdf/rsocp/v18n35/v18n35a02.pdf>. Acesso em: 12 maio 2021.

COHN, G. Introdução. In: COHN, G. (Org.). **Weber**. São Paulo: Ática, 1997. p. 7-34.

COSTA, P. **Poucos, muitos, todos**: lições de história da democracia. Curitiba: Ed. da UFPR, 2012.

COSTA, P. **Soberania, representação, democracia**: ensaios de história do pensamento jurídico. Curitiba: Juruá, 2010. (Biblioteca História do Direito).

DAHL, R. A. **Poliarquia**: participação e oposição. Tradução de Celso Mauro Paciornik. São Paulo: Edusp, 1997.

DAHL, R. A. **Sobre a democracia**. Tradução de Beatriz Sidou. Brasília: Ed. da UNB, 2001.

DALLARI, D. **Elementos de teoria geral do Estado**. São Paulo: Saraiva, 2011.

DILCHER, G. As raízes jurídicas de Max Weber. Tradução de Paulo Astor Soethe e Sibele Paulino. **Tempo Social**, São Paulo, v. 24, n. 1, p. 85-98, 2012. Disponível em: <http://www.scielo.br/scielo.php?script=sci_arttext&pid=S0103-20702012000100005&lng=en&nrm=iso>. Acesso em: 13 abr. 2021.

EASTON, D. Categorías para el análisis sistémico de la política. In: RUBIO, A. B. (Org.). **Diez textos básicos de Ciência Política**. Barcelona: Ariel, 2014.

ENGELS, F. **A origem da família, da propriedade privada e do Estado**. São Paulo: Global, 1984.

FALEIROS JÚNIOR, J. L. de M. A administração pública consensual: novo paradigma de participação dos cidadãos na formação das decisões estatais. **Revista Digital de Direito Administrativo**, v. 4, n. 2, p. 69-90, 2017. Disponível em: <https://www.revistas.usp.br/rdda/article/view/131126>. Acesso em: 22 mar. 2021.

FERRAZ JUNIOR, T. S. Apresentação. In: LUHMANN, N. **Legitimação pelo procedimento**. Tradução de Maria da Conceição. Brasília: Ed. da UNB, 1980. (Coleção Pensamento Político, 15). p. 1-6.

FERRAZ JUNIOR, T. S. O Judiciário frente à divisão dos poderes: um princípio em decadência? **Revista USP**, São Paulo, n. 21, 1994. Disponível em: <https://www.revistas.usp.br/revusp/article/view/26931>. Acesso em: 22 mar. 2021.

FOUCAULT, M. **A verdade e as formas jurídicas**. Tradução de Roberto Cabral de Melo Machado e Eduardo Jardim Morais. Rio de Janeiro: Nau, 2002.

FOUCAULT, M. **Em defesa da sociedade**. Tradução de Maria Ermantina Galvão. São Paulo: M. Fontes, 2005.

FOUCAULT, M. **Nascimento da biopolítica**. Tradução de Eduardo Brandão. São Paulo: M. Fontes, 2008.

FRASER, N. Pensando de nuevo la esfera pública. Una contribución a la crítica de las democracias existentes. In: FRASER, N. **Justicia interrupta**: reflexiones críticas desde la posición "postsocialista". Traducción de Magdalena Holguín y Isabel Cristina Jaramillo. Santafé de Bogotá: Siglo del Hombre, 1997. p. 95-133.

GIDDENS, A. **O Estado-nação e a violência**: segundo volume de uma crítica contemporânea ao materialismo histórico. Tradução de Beatriz Guimarães. São Paulo: Edusp, 2001.

HABERMAS, J. Três modelos normativos de democracia. **Lua Nova**, n. 36, p. 39-53, 1995. Disponível em: <https://www.scielo.br/scielo.php?script=sci_arttext&pid=S0102-64451995000200003&lng=pt&tlng=pt>. Acesso em: 12 maio 2021.

HESPANHA, A. M. **Cultura jurídica europeia**: síntese de um milênio. 3. ed. Coimbra: Almedina, 2012.

HESPANHA, A. M. **Pluralismo jurídico e direito democrático**. São Paulo: Annablume, 2013.

HIRST, P. **A democracia representativa e seus limites**. Tradução de M. L. X. A. Borges. Rio de Janeiro: J. Zahar, 1992.

HOBBES, T. **Leviatã ou matéria, forma e poder de um Estado eclesiástico e civil**. Tradução de João Paulo Monteiro e Maria Beatriz Nizza da Silva. 3. ed. São Paulo: Abril Cultural, 1983. (Coleção Os pensadores).

KELSEN. H. **A democracia**. Tradução de I. C. Benedetti, J. L. Camargo, M. B. Cipolla e V. Barkow. São Paulo: M. Fontes, 2000.

KELSEN, H. **Teoria geral do direito e do Estado**. Tradução de Luís Carlos Borges. São Paulo: M. Fontes, 2005.

LESSA, R. A teoria da democracia: balanço e perspectivas. In: PERISSINOTTO, R. M.; FUKS, M. (Org.). **Democracia**: teoria e prática. Rio de Janeiro: Relume-Dumará, 2003.

LEVI, L. Regimes políticos. In: BOBBIO, N.; MATTEUCCI, N.; PASQUINO, G. **Dicionário de política**. Tradução de C. C. Varriale, G. L. Mônaco, J. Ferreira, L. G P. Cacais e R. Dini. Brasília: Ed. da UNB, 1986. p. 1081-1084.

LEVITSKY, S.; ZIBLATT, D. **Como as democracias morrem**. Tradução de Renato Aguiar. Rio de Janeiro: J. Zahar, 2018.

LINZ, J. J.; STEPAN, A. **A transição e consolidação da democracia**: a experiência do Sul da Europa e da América do Sul. Tradução de Patrícia de Queiroz Carvalho Zimbres. Rio de Janeiro: Paz e Terra, 1999.

LIJPHART, A. **As democracias contemporâneas**. Tradução de Alexandre Correia e Francisca Bagio. Lisboa: Gradiva, 1989.

LIPSET, S. M. Alguns requisitos sociais da democracia: desenvolvimento econômico e legitimidade política. Tradução de Carolina Requena e Marcelo Henrique P. Marques. **Primeiros Estudos**, São Paulo, n. 2, p. 198-250, 2012. Disponível em: <https://www.revistas.usp.br/primeirosestudos/article/view/45953>. Acesso em: 22 mar. 2021.

LOCKE, J. **Carta acerca da tolerância; Segundo tratado sobre o governo; Ensaio acerca do entendimento humano**. Tradução de Anoar Aiex e E. Jacy Monteiro. São Paulo: Abril Cultural, 1983. (Coleção Os Pensadores).

LUHMANN, N. **Legitimação pelo procedimento**. Tradução de Maria da Conceição. Brasília: Ed. da UNB, 1980. (Coleção Pensamento Político, 15).

LUHMANN, N. **Teoría política en el estado de bienestar**. Madrid: Alianza, 2002.

MAQUIAVEL, N. **Comentários sobre a primeira década de Tito Lívio**. Tradução de Sérgio Bath. Brasília: Ed. da UNB, 1994.

MAQUIAVEL, N. **O príncipe**. Tradução de Antonio D'Elia. São Paulo: Cultrix, 1998.

MICHELS, R. **Sociologia dos partidos políticos**. Tradução de Arthur Chaudon. Brasília: Ed. da UNB, 1982. (Coleção Pensamento Político, 53).

MILLS, W. **A elite do poder**. Cidade do México: Fondo de Cultura, 1987.

MONTESQUIEU, C. **O espírito das leis**. Tradução de Cristina Murachco. São Paulo: M. Fontes, 1996.

MORAIS JUNIOR, J. N. Estado constitucional de direito: breves considerações sobre o Estado de direito. **Revista do Direito Público**, Londrina, v. 2, n. 3, p. 119-136, set./dez. 2007. Disponível em: <http://www.uel.br/revistas/uel/index.php/direitopub/article/view/11367>. Acesso em: 22 mar. 2021.

MOUFFE, C. **O regresso do político**. Tradução de Ana Cecília Simões. Lisboa: Gradiva, 1996.

MORLINO, L. Las alternativas no democráticas. **PostData**, n. 10, p. 149-183, dic. 2004. Disponível em: <http://www.revistapostdata.com.ar/2012/01/las-alternativas-no-democraticas-leonardo-morlino/>. Acesso em: 12 maio 2021.

NASCIMENTO, M. L. do. Pelos caminhos da judicialização: lei, denúncia e proteção no contemporâneo. **Psicologia em Estudo**, Maringá, v. 19, n. 3, p. 459-467, jul./set. 2014. Disponível em: <https://www.scielo.br/pdf/pe/v19n3/a11v19n3.pdf>. Acesso em: 12 maio 2021.

NASCIMENTO JUNIOR, V. F. A evolução dos métodos alternativos de resolução de conflitos em ambiente virtual: online dispute resolution. **Revista Eletrônica da Faculdade de Direito de Franca**, v. 12, n. 1, p. 265-282, jul. 2017. Disponível em: <https://www.revista.direitofranca.br/index.php/refdf/article/view/439>. Acesso em: 13 abr. 2021.

NEUMANN, F. A mudança de função da lei no direito da sociedade burguesa. **Revista Brasileira de Estudos Políticos**, Belo Horizonte, n. 109, p. 13-87, jul./dez. 2014. Disponível em: <https://pos.direito.ufmg.br/rbep/index.php/rbep/article/view/P.0034-7191.2014v109p13>. Acesso em: 13 abr. 2021.

NOGUEIRA, M. A. **Bourdieu e a educação**. Belo Horizonte: Autêntica, 2006.

NOVAIS, J. R. **Contributo para uma teoria do Estado de direito**. Coimbra: Almeida, 2006.

O'DONNEL, G. Democracia delegativa? **Novos Estudos Cebrap**, São Paulo, n. 31, p. 25-40, out. 1991. Disponível em: <http://uenf.br/cch/lesce/files/2013/08/Texto-2.pdf>. Acesso em: 22 mar. 2021.

OFFE, C. **Problemas estruturais do Estado capitalista**. Tradução de Bárbara Freitag. Rio de Janeiro: Tempo Brasileiro, 1984.

OMMATI, F. Dos freios e contrapesos entre os poderes do Estado. **Revista de Informação Legislativa**, Brasília, v. 14, n. 55, p. 55-82, jul./set. 1977. Disponível em: <https://www2.senado.leg.br/bdsf/bitstream/handle/id/181023/000359521.pdf>. Acesso em: 13 maio 2021.

POGGI, G. **A evolução do Estado moderno**: uma introdução sociológica. Tradução de Alvaro Cabral. Rio de Janeiro: J. Zahar, 1981.

PRZEWORSKI, A. **Democracia e mercado**: reformas políticas e econômicas na Europa Oriental e na América Latina. Tradução de Vera Pereira. Rio de Janeiro: Relume-Dumará, 1994.

QUADROS, D. G. de. **O Estado na teoria política clássica**: Platão, Aristóteles, Maquiavel e os contratualistas. 1. ed. Curitiba: Intersaberes, 2016.

RAWLS, J. Justiça como equidade: uma concepção política, não metafísica. Tradução de Regis de Castro Andrade. **Lua Nova**, n. 25, p. 25-59, abr. 1992. Disponível em: <https://www.scielo.br/scielo.php?script=sci_arttext&pid=S0102-64451992000100003>. Acesso em: 22 mar. 2021.

REALE, M. **Teoria do direito e do Estado**. São Paulo: Saraiva, 2000.

RIBEIRO, J. U. **Política**: quem manda, por que manda, como manda. Rio de Janeiro: Nova Fronteira, 1985.

ROTHBARD, M. N. **A anatomia do estado**. Tradução de Tiago Chabert. São Paulo: Instituto Ludwig von Mises, 2012a.

ROTHBARD, M. N. **Governo e mercado**: a economia da intervenção estatal. Tradução de Márcia Xavier de Brito e Alessandra Lass. São Paulo: Instituto Ludwig von Mises, 2012b.

ROUSSEAU, J. J. **O contrato social**. Tradução de Antonio de Padua Danesi. São Paulo: M. Fontes, 1986.

SANTOS, B. de S. (Org.). **Democratizar a democracia**: os caminhos da democracia participativa. Rio de Janeiro: Civilização Brasileira, 2002.

SANTOS, B. de S. Introdução à sociologia da administração da justiça. In: FARIA, J. E. (Org.). **Direito e justiça**: a função social do Judiciário. São Paulo: Ática, 1989. p. 39-65.

SANTOS, B. de S. Poderá o direito ser emancipatório? Tradução de João Paulo Moreira. **Revista Crítica de Ciências Sociais**, n. 65, p. 3-76, 2003. Disponível em: <https://journals.openedition.org/rccs/1180>. Acesso em: 22 mar. 2021.

SARTORI, G. **A teoria da democracia revisitada**. Tradução de Dinah de Abreu Azevedo. São Paulo: Ática, 1994. v. 1: O debate contemporâneo.

SCHMITTER, P. Corporativismo y democracia: una entrevista con Philippe Schmitter. **Este País**, Cidade do México, n. 70, p. 35-39, enero 1997. Entrevista concedida a César Cansino. Disponível em: <https://archivo.estepais.com/inicio/historicos/70/7_entrevista_corporativismo_cansino.pdf>. Acesso em: 13 maio 2021.

SCHMITTER, P. Neocorporatismo y Estado. **Reis: Revista Española de Investigaciones Sociológicas**, n. 31, p. 47-78, jul./sept. 1985. Disponível em: <http://reis.cis.es/REIS/PDF/REIS_031_05.pdf>. Acesso em: 22 mar. 2021.

SCHMITT, C. **O conceito do político/Teoria do Partisan**. Tradução de Geraldo de Carvalho. Belo Horizonte: Del Rey, 2008.

SCHUMPETER, J. A. **Capitalismo, socialismo e democracia**. Tradução de Ruy Jungmann. Rio de Janeiro: Fundo de Cultura, 1961.

STRECK, L.; MORAES, L. **Ciência política e teoria do Estado**. Porto Alegre: Livraria do Advogado, 2014.

TOMELIN, G. **O Estado jurislador**. Belo Horizonte: Fórum, 2018.

VAUCHEZ, A. O Poder Judiciário: um objeto central da ciência política. In: ENGELMANN, F. (Org.). **Sociologia política das instituições judiciais**. Porto Alegre: Ed. da UFRGS; Cegov, 2017. p. 39-56. Disponível em: <https://lume.ufrgs.br/handle/10183/213273>. Acesso em,: 13 maio 2021.

WARAT, L. A. **A pureza do poder**: uma análise crítica da teoria jurídica. Florianópolis: Ed. da UFSC, 1983.

WEBER, M. **Economia e sociedade**: fundamentos da sociologia compreensiva. Tradução de Regis Barbosa e Karen Elsabe Barbosa. Brasília: Ed. da UNB, 2000. v. 2.

WEBER, M. **Ensaios de sociologia**. Tradução de Waltensir Dutra. Rio de Janeiro: LTC, 1982.

WEBER, M. **Metodologia das ciências sociais**. Tradução de Augustin Wernet. Campinas: Ed. da Unicamp; São Paulo: Cortez, 1995. Parte II.

WEBER, M. O Estado nacional e a política econômica. Tradução de Amélia Cohn e Gabriel Cohn. In: COHN, G. (Org.). **Weber**. São Paulo: Ática, 1997. p. 58-78.

WEBER, M. **O que é burocracia**. Brasília: CFA, 2012.

WOLKMER, A. C. **Introdução ao pensamento jurídico crítico**. São Paulo: Saraiva, 2008.

WOLKMER. A. C. Pluralismo, justiça e legitimidade dos novos direitos. **Revista Sequência**, v. 28, n. 54, p. 95-106, jul. 2007. Disponível em: <https://periodicos.ufsc.br/index.php/sequencia/article/view/15069/13736>. Acesso em: 13 maio 2021.

YOUNG, I. M. Comunicação e o outro: além da democracia deliberativa. In: SOUZA, J. (Org.). **Democracia hoje**: novos desafios para a teoria democrática contemporânea, Brasília: Ed. da UNB, 2001. p. 365-386.

Sobre o autor

Doacir Gonçalves de Quadros é doutor em Sociologia, na área de concentração Cultura e Poder, mestre em Sociologia Política e graduado em Ciências Sociais pela Universidade Federal do Paraná (UFPR). Professor de Ciência Política do Programa de Pós-Graduação *Stricto Sensu* em Direito do Mestrado Acadêmico do Centro Universitário Internacional Uninter. Professor de cursos de Ensino a Distância (EaD). Pesquisador associado à Associação Brasileira de Pesquisadores em Comunicação Política (Compolítica), à Associação Latino-americana de Ciência Política (Alacip), à Rede de Estudos Empíricos em Direito (Reed) e ao Conselho Nacional de Pesquisa e Pós-Graduação em Direito

(Conpedi). Parecerista de artigos científicos em periódicos acadêmicos. Tem experiência na área de ciências sociais, com ênfase em sociologia política e ciência política, e atua como pesquisador nos seguintes temas: teoria política, Estado, sociologia política e Poder Judiciário, eleições, partidos políticos, comportamento político e comunicação política. Tem publicações e apresentações de trabalhos nas seguintes temáticas: Estado, teoria política, partidos políticos, meios de comunicação e eleições e comunicação política.

Impressão:
Maio/2021